Бъярн Мелкевик

ЮРИДИЧЕСКАЯ ЭПИСТЕМОЛОГИЯ И УЖЕ-ПРАВО

Париж

2017

Buenos Book International

Бъярн Мелкевик. Юридическая эпистемология и уже-право. Перевод с французского В.А. Токарева. Научная редакция перевода – М.В. Антонов.

Впервые опубликовано: Melkevik B. Épistémologie juridique et déjà-droit. Paris: Buenos Books International, 2014.

Впервые опубликовано на русском языке в сборнике: Бъярн Мелкевик. Юридическая практика в зеркале философии права. СПб.: ИД «Алеф-Пресс», 2015. – 288 с.

Об авторе: Бъярн Мелкевик – доктор права Университета Ассаз-Пантеон (Париж-II), профессор юридического факультета Университета им. Лаваля (Квебек, Канада).

Настоящая работа представляет собой новое издание опубликованного в 2015 году перевода книги канадского профессора Б. Мелкевика, где автор ставит вопрос о познаваемости права, об определимости концепта «право» и о других ключевых вопросах эпистемологии права. В новом издании исправлены и унифицированы некоторые термины, при редактировании перевода учтены замечания научного сообщества, высказанные после публикации первого издания русского перевода в 2015 году. Книга предназначена для специалистов по теории и философии права, а также широкого круга правоведов, интересующихся методологическими вопросами юриспруденции.

ISBN: 978-2-36670-064-0

Б. Мелкевик

ЮРИДИЧЕСКАЯ ЭПИСТЕМОЛОГИЯ И УЖЕ-ПРАВО[1]

Предисловие: Эпистемологические размышления и вопрос о праве

Выражение «юридическая эпистемология» прошло долгий путь. Сначала довольно-таки скромное на заре 20-го века и связанное, главным образом, с именем Франсуа Жени и его трудом «Наука и техника позитивного частного права» (1913), сегодня, в 21-ом веке, оно, как кажется, получило некоторую известность и снискало некоторое уважение в различных юридических кругах. Правовед, и более того, человек, требующий признания в качестве «ученого» в правовой сфере, не может в настоящее время абстрагироваться от этого, не рискуя навлечь на

---

[1] Melkevik B. *Épistémologie juridique et déjà-droit.* Paris: Buenos Books International, 2014. Пер. с франц. — к.ю.н., зав. кафедрой истории государства и права Самарской государственной областной академии (Наяновой) В.А. Токарев.

себя упреки в отсутствии серьезности или, вдобавок, в научной поверхностности, критикуемой и особенно виновной. В этом смысле ситуация представляется, на первый взгляд, вполне благоприятной и свидетельствует о том факте, что юристы соглашаются уважать некоторые эпистемологические требования в качестве авторов юридической доктрины или интеллектуальных проводников для создания «права», способного быть полезным для нас.

По ту сторону этой лубочной картинки реальное положение кажется нам сложнее и заслуживает критики. Скорее, наблюдается противоположная тенденция. Вместо уважения к юридической эпистемологии в качестве области размышления о предусматриваемой в праве научности, в умах быстрее водворяется «юридическая эпистемология» обоснования (и защиты), фундирования (и доктринальной апологии), а также идеологической отсылки (заблуждения и теоретической чрезмерности). Эта «юридическая эпистемология» — подделка, которая искажает «смысл» права, коварно склоняется к идеологии абсолютной правоты и аристократически воображает себя недоступной для любой критики и свободной от того, чтобы давать научный «отчет». Эпистемологическое требование, которое, как предполагалось, конкретизируется применительно к «созданию права» (и в смысловых параметрах этого «создания» в юридической практике), внезапно и негативным образом обнаруживается в своей противоположности, а именно — в «юридической эпистемологии» обстоятельств и в роли оправдания, фундирования и модной сегодня идеологии.

В юридическом мире эпистемология обращается к неблагодарной роли некоего *a priori*, готового идеологически превратиться в юридическую методологию, в теорию интерпретации или просто в заранее установленную «теоретическую модель». Здесь мы сталкиваемся с настоящей эпистемологической проблемой. Цель нашей книги заключается в размышлении над этой проблемой таким образом, чтобы наше исследование само по себе имело отношение к юридической эпистемологии. Необходимо настойчиво критиковать и устранять, насколько это возможно, идеологическое обращение к «уже-праву», которое так или иначе уже присутствует здесь и которое может действовать (без какого-либо намеренного акта создания) в правовой сфере в качестве «оправдания, фундирования и идеологии». Или, еще хуже, оно существует как «идео-право», удобное для исследователей — членов той или иной доктринальной секты.

Критическое (и деконструкционистское) обращение к «уже-праву» само по себе является эпистемологическим, и вовсе не связанным с выбором понятий. Мы утверждаем, что речь идет об эпистемологической идентификации «синдрома» в этимологическом смысле, а именно о констатации совокупности клинических признаков и симптомов, которые обнаруживаются во время медицинского (и интеллектуального) осмотра. Речь идет о слове, заимствованном из древнегреческого языка, которое означает «объединение» или «совокупность различных элементов» и, таким образом, пригодно для того чтобы поставить диагноз или вынести интеллектуальное суждение. Хотя слово «синдром» использовалось в медицинском языке, мы утверждаем, что «уже-право» представляет собой совокупность различных элементов, постулирующих существование или объективность «права» как существующего здесь, как «уже-права» — уже полностью готового, уже являющегося объектом, или еще как присутствующего в теории, в парадигме, в системе, или во всем том, что сторонник уже-права привносит сообразно своему призванию, своей идеологии или своей теории. Уже-право означает ставить телегу впереди лошади и утверждать, что это делается с целью сдвинуть лошадь с места, или еще грубее, настаивать на том, что хвост виляет собакой.

Сегодня самым обсуждаемым «синдромом», конечно, является СПИД. Однако СПИД — это не болезнь, а совокупность различных элементов, которые провоцируют полное или частичное разрушение иммунной системы человека. По сути, никто не умирает от СПИДа — умирают от самых разных болезней, атакующих тело, неспособное защититься от них, потому что иммунная система ослаблена. Так же вера в «уже-право» может до такой степени способствовать разрушению иммунной системы здорового права; она извращает смысл права, действующего в наших интересах, и, прежде всего, искажает наше понимание юридической современности. Тот, кто верит в то, что юридическая теория может быть некоей формой гипотетически-дедуктивной системы предположений, или тот, кто полагает, что эта самая теория может быть парадигмой понимания или поиска «в праве» (*sic!*), жестоко ошибается. Еще хуже ставить на место юридической современности свое представление об одностороннем и обманчивом идео-праве. Несмотря на то, что это делается со ссылкой на систему, «плюрализм», «нормативность» или другие идеограммы того же порядка, современность выдает себя в разумном основании своего существования, а именно в утверждении того, что может твориться под вывеской «право».

Несомненно, есть «клинический», а точнее «терапевтический» аспект, поскольку мы присутствуем при интеллектуальном суждении. Мы осуждаем «синдром» уже-права и мы не оцениваем того, что мы наблюдаем, поскольку оно слишком иррационально, слишком проникнуто обскурантизмом или, главным образом, потому что это не нужно нам в действительности. Такая диагностика проводится, поскольку сегодня теория «права» зачастую переходит в монологическую логику и особенно в платонический мир, претендуя на способность «провозглашать право». Многие специалисты по теории «права» разорвали любую связь с юридической практикой, чтобы отныне полностью и без всякого стеснения подчиняться прихотям мира идей. Таковы теории «права», отныне не интересные для создания права и для юристов. Их теории служат лишь муссированию их символического капитала или подъему в юридических и идеологических олигархиях, не говоря уже о социальном восхождении. На юридическом факультете их теории стали теоретическим оружием в руках профессора(-ов), аристократически его использующего(-их). Подобное самоотречение и шарлатанство совершенно бесполезны — кроме того, что они применяются для обучения дураков, поставляемых на службу нашим олигархиям правого или левого толка.

Наиболее важный вопрос в юридической эпистемологии оказывается вопросом предмета или не-предмета познания. Существует ли «право-как-предмет» познания? Не соотносится ли практически познание в праве, скорее, с «источниками права» (*ius fons*), оказываясь «вне права» или «вне предмета», выполняя функцию обслуживания юридического дискурса в логике «действия»? Действительно ли право существует «объективно» и «предварительно» в обществе, либо же оно существует в объективирующей сфере, оппортунистически названной «правом», или даже «бытием-долженствованием» в духе Платона и Кельзена и под влиянием Канта? Существует ли право? Эпистемологический ответ, разумеется, «нет», поскольку здесь неадекватно используется само слово «существование».

Отсюда идеологическое или еще «позитивистское» напряжение (или метафизический позитивизм), отсюда эпистемологическая невинность, которая предполагает, что глагол «существуют» и термин «существование» сводятся через логику образных выражений или через логические ошибки к бесконечности, относясь к текстуальным или «реалистическим» объективациям. Легко заметить, что ситуация зашла в тупик и что сторонники этого подхода, верящие в то, что они имеют: a) доступ к существованию; b) доступ к способу непосредственного познания; c) доступ к «праву», на самом деле верят в иррациональность, согласно которой там, где обнаруживается понятие, обнаруживается реальность, или даже объективация самого «права». С точки зрения такой иррациональности «право» осмысляется и понимается тем же самым способом, что яблоко, которое падает с дерева полностью созревшим.

По сути, проблема заключается в том, что сегодня «теория» стала независимой от практики. В долгой и нестабильной истории нередко обнаруживался тот факт, что теории все чаще и чаще поворачивались спиной к юридической практике, чтобы придать самим себе больший вес и представить самих себя в качестве интеллектуальных конструкций. Начиная с Ганса Кельзена, который создавал словарь и воображаемый мир для пользы своей теории «права» (*sic!*), этот процесс наращивал темп, чтобы захватывать все более и более экзотические направления, захватывать воображаемые пространства. С чем сегодня соотносятся теории «права»? Чаще всего, ни с чем! Или с целым рядом теоретических упражнений, которые оправдываются одно через другое — как серия романов, где слово «право», в конечном счете, не имеет никакого смысла, если только не считать таковым продажу товара автором(-ами), или, более вероятно, чтобы захватывать и усиливать олигархическую власть во благо ей, ее защитникам и сторонникам. Чтобы убедиться в этом, достаточно пролистать научные журналы по праву, издаваемые в США, и задуматься над использованием слова «право», произвольно и небрежно упоминаемом на каждой странице этих журналов. Это слово чаще всего никак не соотносится с «практикой», но практически полностью совпадает с идеологией, которой в настоящий момент придерживается исследователь, и с борьбой за власть, которую ведут между собой олигархии: юридические (*sic!*), политические, глобалистские (или антиглобалистские), плюралистические и т.д. Добро пожаловать на «ярмарку тщеславия»!

Три эссе, которые мы публикуем ниже под общим названием «Юридическая эпистемология и уже-право», являются опытом возвращения на твердую почву. Они представляют собой критику, как правило, всякого обоснования (и фундаментализма), всякого оправдания (и легитимации) и всякой попытки сделать из теории парадигму для «права» (*sic!*). Очевидно, речь идет о критических эссе в смысле противостояния «песням сирен», которые, наподобие истории с Улиссом (из «Одиссеи» Гомера), могут быть действительно околдовывающими и красивыми, но которые спровоцируют наше интеллектуальное и моральное кораблекрушение, если мы не будем твердо стоять на ногах.

Никогда не надо подчиняться желанию верить в существование «уже-права», то есть некоего права, которое уже присутствует здесь и там, магически существует в объективном мире и которое готово быть схваченным нашей теорией. Нет никакой причины уступать иррациональному. Скорее, нам следует сопротивляться, противостоять и эпистемологически возражать против иррациональности «уже-права».

I. Немного наведем порядок в области юридической эпистемологии

Надо начинать с этого! С небольшой расчистки в области юридической эпистемологии! Действительно, есть насущная потребность в такой уборке, чтобы очистить от лишнего юридический мир, который обрушивается под тяжестью не получивших поддержки «предвзятых мнений» или громоздких и контрпродуктивных идеологических моделей. Но, прежде всего, чтобы обдуть свежим ветром тот догматизм, который сопровождает и который крепко связывает сегодня то, что обычно называют «юридической наукой».

Мы ставим перед собой цель провести эпистемологическую демаркационную линию по отношению к переизбытку догматики, поглощающей значительную часть современной юридической мысли. Иными словами, речь идет о том, чтобы приступить к спасительной расчистке в юридической области, крайне нуждающейся в ней, где следует вырвать сорные травы, больные растения, нежизнеспособные ростки. В этом смысле, наши рассуждения служат, главным образом, введением, пролегоменами к эпистемологической мысли, которая отныне нацелена на возможность существования права в юридической современности. Короче, профилактическая конечная цель сопровождает наши юридические и философские размышления.

Для достижения поставленной цели, мы проанализируем четыре тезиса юридической эпистемологии, а именно: 1) право не «существует»; 2) «фактичность» не позволяет сделать какого-либо вывода о «праве»; 3) не существует никакого «уже-права», рационально возможного в этом мире; 4) иррационально (и нелогично) верить в то, что посеяв концепции, можно пожинать право. Если эти четыре тезиса рассматриваются один за другим, то следует иметь в виду, что они основательно наслаиваются, прилаживаются и нанизываются друг на друга, как матрешки, чтобы вместе образовать серию эпистемологических позиций, оценивающих современное понимание права.

Тезис 1. Право не существует

Наш первый тезис решительно утверждает, что право «не существует»! Нам следует принять или признать, что право не имеет никакого реального или эмпирического «существования» в этом мире. Право не имеет никакого физического или материального существования в социальном или политическом мире, и еще меньше — существования с точки зрения наличия или действительности, не говоря уже о том, чтобы быть или иметь, и что, в конечном счете, следует действовать и думать соответствующим образом. Необходимо искоренить иррациональную и догматическую склонность рассуждать о праве или по поводу права так, как будто оно существует тем или иным образом. Право не существует. Модальность «существования» неприложима к праву.

В этом смысле не существует никакого «объекта», называемого «правом», в реальном, материальном, фактическом или просто «осязаемом» мире! Право не является чем-то «самим по себе» или не имеет этого признака, и мы не располагаем таким средством научного познания, которое позволило бы нам установить, чему может реально, действительно или объективно соответствовать эта символическая репрезентация, называемая «правом». Итак, ошибочно писать и думать, будто «право» существует как «объект», который можно схватить! Однако мы наблюдаем, как многие теоретики или сторонники доктрины и догматики, оппортунистически названной юридической, пишут, говорят, приходят к выводу и утверждают, что право «существует». Они не пользуются буквально словом «существование» (или «эмпирический»), но, скорее, ставят вопрос о праве в терминах бытия и обладания. В этом течении могут быть легко идентифицированы две теоретические и догматические школы, которые, несомненно, пересекаются друг с другом.

Первая традиция (или фракция) структурирует дискурс о «праве» с точки зрения его бытия и утверждает, что право существует в «реальности», в «обществе», в «материальности», в «фактах» и т.д., используя некоторые слова с этой целью. Для этой традиции «право» существует, потому что его материальность отражается в арсенале понятий, верно подтверждающих его существование. Обычно используемые при этом слова подводят к мысли о том, что право обнаруживается через существование «правовых правил», «норм», «нормативности», или через такое выражение как «правовое государство», или через другие лингвистические приемы того же порядка. Применяемая дискурсивная стратегия постулирует в целом, что использование этих слов соответствует их существованию в реальности и, на самом деле, в качестве «права».

Вторая традиция (или фракция) структурирует дискурс о «праве» с точки зрения обладания и утверждает, что право существует потому, что мы обладаем «правами». Согласно этой дискурсивной стратегии, мир полон и переполнен «правами-обладаниями», переданными гражданам, так же как, хотя и в более скромных масштабах, коллективным иди корпоративным субъектам. В этой концепции право предстает приданым, которое каждый индивид получает при рождении (но никак не раньше!) и которое он сохранит после своей смерти (и даже после!). Это мир обладания — мир потребления — в котором «право» мыслится как товар или даже, более аристократично, как социальный статус. В конечном счете, подобное предоставление социального статуса (или политического, или, что ошибочно, «юридического») может способствовать, прежде всего, растворению (и иррационализации) вопроса о «праве» в метафизических понятиях, таких как «суверенитет», «равенство», «достоинство» и все тому подобное.

Повторяем, что эти две традиции могут входить одна в другую и что даже может быть сложно встретить одну из них во всем блеске ее эксклюзивной чистоты. Итак, современный теоретик права может легко поддаться желанию спокойно корпеть над одной или другой традицией или смешать их по своему усмотрению в меру своих догматических или идеологических предпочтений. Кроме того, смешение бытия и обладания (предполагаемых «правовыми») подходит для творческой игры и воображения алхимика.

То, что получается в результате такой психологической конструкции, называемой «право», может быть изучено в рамках эпистемологии. Прежде всего, отметим, рассуждая строго на уровне «психологического сознания», что исследователь (или, скорее, идеолог-юрист) сразу ставит между собой и «правом» психологический посредствующий образ. Постулат существования права служит здесь нелегитимному и идеологическому установлению научного посредствующего экрана и, чаще всего, обращен к идеологической конструкции (даже метафизической), которая всегда знает, где в реальности располагается «право». Речь идет, рассуждая эпистемологически, о посредствующем психологическом экране, который ободряет исследователя относительно существования «права» там, где его психология диктует, что оно существует или что оно обнаруживается! В итоге «право» находится там, где оно должно психологически (или «эмпирически») существовать, точнее там, где психологическая концепция его обнаруживает в качестве посредствующей психологической эманации, которая присоединяется к лингвистическим формам, подтверждающим модус ее существования, бытия и обладания.

Подчеркнем, переходя к уровню «псевдонауки», что для сторонника модуса существования «права» оказывается необходимым придерживаться такого представления о «праве», согласно которому оно зависит от знания, познания или даже от науки. Речь идет о сознательном конструировании образа-объекта «права» как того, что «обнаруживается», «становится известным», «познается» или «научно исследуется». Также подчеркнем, что «право» (или идео-право, которое его здесь подменяет) зависит от позитивности (бытия или обладания — по выбору) и необходимо, чтобы тот, кто «знает», говорил от его имени. По сути, речь идет о том, чтобы заставить признать или представить, что право является исключительной областью, которую конкретный мужчина и женщина не должны касаться и о которой они, тем более, не должны осмеливаться говорить. Итак, право было бы эксклюзивной областью для тех, кто знает, понимает и занимается наукой.

Что касается укоренения в «реальности», теоретически речь идет о том, чтобы вступить в альянс с организованной или институционализированной властью, или точнее — с властными центрами, которые вращаются вокруг «права», или, говоря яснее, которые заставляют «право» вертеться вокруг самого себя в качестве эманации власти! В конечном счете, речь идет об идеологическом выборе (в смысле необходимости эффективности) момента материализации действующей в этом мире власти для подтверждения правильности предпочитаемого модуса существования. Тот, кто, например, располагается на оси «бытия», будет склонным конкретизировать право применительно к судьям или законодателям, т.к. это позволит ему обоснованно утверждать, что он точно все увидел и что реальность этих институтов подтверждает его концепцию права (или просто ловко мобилизованную концепцию «идео-права»). Тот, кто высказывается за образ «обладания», обратится к эффективности «права» в плане социологизма, «плюрализма» и других подобных по своей сути идеологических конструкций.

Становится очевидным, почему тезис о «существующем» праве имеет такой успех в юридических кругах, и понятно такое пристрастие к нему, поскольку это обеспечивает психологическое утешение по поводу права, предполагаемого непосредственно действующим здесь и сейчас. И здесь нет больше необходимости идти в Каноссу, чтобы обрести уверенность или даже заниматься «правом». Эта картинка, именуемая «правом», психологически успокаивает, но на самом деле речь идет о дымовой завесе, где обольщение, даже иллюзорная сила слов, в конечном счете, заменяет «реальность» (понимаемую просто как то, что касается нас в этом мире). Следует, скорее, признать очевидным то, что, строго говоря, невозможно обнаружить право или получить к нему доступ через модус «существования» и что те, кто участвуют в этом предприятии поиска существоания права, рискуют столько же своим интеллектуальным здоровьем, сколько и устойчивостью своего сознания.

По сути, мы причиняем ужасный ущерб вере в красоту химеры (или бытия) «права», которую мы представляем себе руководящей нашими современными обществами — возвращаясь к языческому мифу о Зевсе, управлявшему при помощи «права» как космосом, так и человеческим обществом. Она игнорирует многие народы мира, для которых слово «право» остается в той или иной степени пустым звуком. Удаляясь от метафизических образов правящего «права» или состояния фактичности или нормативности, мы ведем речь о признании с полной ясностью того, что право ничем не управляет и все рассуждения о том, что человеческое поведение регулируется правом, не точны. Скорее, мы утверждаем прямо противоположное, а именно то, что человеческое поведение совсем не регулируется «правом» («идео-правом»). Если мы уйдем от подобных фантазий, немного ясности и реализма, разумеется, не причинят вреда и послужат защите правового интеллектуального здоровья!

Итак, мы настаиваем на том факте, что право относится только к сфере возможного и обнаруживается, прежде всего, в качестве возможности, которая раскрывает себя и быстро скрывается, как только наше чувство реальности и чувство «юридического» теряют бдительность. Всегда желать отдавать приоритет практическому правовому решению, горячо защищать право и неустанно работать на благо правового интеллектуального здоровья — в этом нет ничего неожиданного. Более того, это тот путь, на который нам необходимо вступить без иллюзий, вооружившись мотивами и аргументами. Рассмотренное таким образом, право непоколебимо действует на пользу практической возможности и понимается иначе, чем утешительное и идеологическое «существующее».

Тезис 2. Отбросить идеологию перехода от «фактических данных» к «праву»

Наш второй тезис утверждает, что фактичность (или данность фактическая или эмпирическая) не позволяет делать каких-либо выводов о «праве». Здесь достаточно сослаться на Давида Юма. Тем не менее, следует признать, что наши современники насмехаются над осуществленным Юмом изгнанием любого «натуралистического паралогизма», над рациональным запретом постулировать бытие-долженствование, начиная с предположения о бытии долга, или над иррациональностью перехода от «факта» к праву. Сегодня подобное напоминание, скорее, обречено на неудачу, т.к. если право в равной степени является «фактом», этот факт (или «фактичность») должен быть способным оправдать «переход» к другому «факту», чтобы окончательно прийти к «праву»! Сторонник «эмпирического» исследования «права» (или просто концепции фактического идео-права) чувствует, что ему разрешено двигаться во всех направлениях (и смешивать бытие и бытие-долженствование в позитивистской каше, даже не подозревая о ее иррациональности), и к тому же исступленно насмехаться над Юмом и переходить от «факта-права» к «праву-факту». Необходимо положить этому конец и осудить такой новый иррационализм за тот эпистемологический ущерб, который он причинил. Тогда мы сможем утверждать, что «фактичность» не позволяет делать какие-либо умозаключения (или переходы) о праве, по поводу права или в праве.

Напомним, что если право существует (что мы отрицаем), или даже если «уже-право» (мы ниже раскроем содержание этого понятия) находится в обществе или в «праве» (что мы так же отрицаем), то отсюда следует, что задана некая правовая фактичность, наличествующая в обществе. Теоретик может захотеть срезать путь своих рассуждений и утверждать, что право уже присутствует здесь как фактичность, которая подтверждается (идеологически, т.к. никакое другое подтверждение эпистемологически не доступно и не приемлемо!) на социологическом, политико-логическом, этнографическом, антропологическом, культурологическом и иных уровнях. В итоге, такой исследователь может создать для своего удобства послушный образ «права», которое фактически присутствует *здесь*, и которое мы можем в силу принятия подобной иррациональной картинки, взять и использовать на уровне юридического «права». На самом деле, речь идет о «переходе» от воображаемых фактичностей к праву, оппортунистически называемому позитивным и уже присутствующем здесь. Или даже о введении обманным путем «правового плюрализма», который чуть позже мы обнаруживаем под более привлекательной этикеткой «плюралистического права»; причем эта подмена осуществляется без какого-либо интеллектуального усилия с нашей стороны.

Итак, какими стратегиями воспользуются наши ученики-алхимики, чтобы совершить этот подвиг? Мы различаем три стратегии.

Первая стратегия заключается в переименовании! Происходит захват властной позиции, в результате которого будет признано, что одно слово заменяет другое, или еще заставляют согласиться с тем, что В на самом деле А или Дюпон в действительности Дюпонд. Иначе говоря, речь идет о том, чтобы заставить признать «правом» обычай, нравы, привычки, религиозные догматы и т.д. в соответствии с фактичсским перечнем, предпочитаемым тем или иным ученым. Вновь овладевая фактичностями, существующими в этом мире, можно их переименовать, определить как действительно относящиеся к «праву», с содержанием, подобающим фактической фантазии, мобилизованной по этому случаю. Это позволяет, прежде всего, иметь в своем распоряжении как «факт-право», так и «право-факт», и одновременно убедиться в невозможности допустить ошибку!

Вторая стратегия состоит в том, чтобы утверждать существование в мире предмета исследования, называемого «правом», и утверждать, что, благодаря наличию такого предмета, мы можем заниматься «правовыми исследованиями». На самом деле, здесь пересекаются две дороги. Одна предполагает утверждение о том, что объект, называемый «правом», эмпирически существует в реальности или даже в обществе, и что, следовательно, мы можем провести эмпирическое исследование этого «права». Другая дорога ведет к утверждению о том, что необходимо конструировать объект, называемый «правом», и что, на основе такой конструкции открывается путь для «правового» исследования. Короче, следуя этим подходам, то, что вкладывается в конструкцию, рассматривается как наличествующее в реальности или в обществе. Итак, если вам удастся доказать, что существует правовой «объект-факт», то можно совершенно спокойно проводить «правовые» исследования в области социологии, политологии, антропологии и т.д. И наоборот — проводить социологические, политологические, антропологические и т.д. исследования права, настаивая на том, что вы познаете «право».

Наконец, третья стратегия заключается в том, чтобы использовать психологическую оценку социальной или фактической реальности. Точнее, речь идет об обработке человеческой психологии или, конкретнее, нашей естественной склонности верить в то, что «право» соответствует реальности. Таким образом, можно утверждать, что социальные и фактические ситуации (например, плюрализм, мультикультурализм и т.д.), или модные слова (такие как плюрализм), или, наконец, сама динамика фактической эволюции (резюмируемая в таких словах как «признание», «плюрализм», «мульти-» то или это, «пост-» то или это) охватывают «правовую» ситуацию и даже правовое государство. По сути, пещера Али Бабы открывается здесь перед нашими глазами, но не привычными словами «Сезам, откройся!», а такими:

«Право-факт или факт-право, откройся!». Однако результат будет тем же: та пещера, в которой находится «право», полна чудес, ослепляющих взор и кружащих голову. Как и в любую сказку, в нее надо просто верить!

В целом, это — картинка, химера, которая создается и признает только конструкцию круга «от права к праву», подобного кругу «от фактов к фактам». Другими словами, речь идет об измененном образе, в котором платонический отблеск идей будет заменен на отблески «фактов» или просто на уверенность и утверждение о том, что «право» отражается в «праве». Вся практика, устанавливаемая на основе фактов, будет, таким образом, автоматически установлена в качестве «права». Также обычаи и нравы — особенно если они экзотические или подлежат защите по принципу «политической корректности» — станут в равной степени рассматриваться как «правовые». Даже этика, при условии ее фактичности, станет «правом». Получившаяся в результате картина, а именно существование «правового» гаранта всего, что появляется в данном обществе, представляет собой идею настолько обольстительную, что все верят в нее, и она захватывает всех (особенно юристов)!

Сторонник «правовых метаморфоз» может, в общем, утверждать с уверенностью, что он не выражает желания, идеала или утопии. В порыве энтузиазма он раструбит о том, что не переходит от бытия к долженствованию-бытию (т.е. не нарушает закона Юма) и с жаром будет кричать о том, что излагал лишь последний и окончательный результат научного позитивизма, говорил о всемирном государстве, о верховенстве права или о правовом государстве, которое предполагается существующим и функционирующим через неограниченное использование прилагательного «правовой». Прежде всего, такой исследователь будет убежденно утверждать, что фактический образ «права», который он создал, определяется познанием, знанием и наукой, которые принадлежат ему одному.

Против сторонников правовых «фактичностей» или «метаморфоз от факта-права к праву-факту» выдвинем два аргумента.

Во-первых, подчеркнем, что факты и сама по себе «фактичность» на самом деле являются нашим образом жизни. Однако этот образ жизни, так же, как и происходящие события, счастливые или несчастливые, всегда требуют интерпретации. На этом основании можно констатировать, что каждый «факт» может быть интерпретирован тысячью способами, и что нам нет необходимости обращаться к Ницше за подтверждением того, что факты, которые нам открываются, являются ничем иным как интерпретациями, навязываемыми нам в принудительном порядке. Кроме того, как язык интерпретации, так же как «перевод» понятий из одного дискурса в другой представляют собой язык власти и гетерономии, и прежде всего, тупик, который приводит нас к не-праву. Рассматривая этот вопрос под углом юридической эпистемологии, мы утверждаем, что «интерпретация» может оказаться несостоятельной монологической позицией, которой не хватает аргументированного разъяснения, чтобы избавиться от врожденного антиюридизма. Это тем более верно, что факты никогда не будут иметь власти в «праве».

Во-вторых, продолжим нашу аргументацию, но на этот раз против сторонников «правовых метаморфоз», напоминая о том, что вопрос оценочного суждения становится настолько важным в праве и для права, потому что в праве невозможно «фактическое суждение». В праве не существует «фактов». Еще хуже то, право могло бы позволить принять дискурс «фактов», только рискуя потерять свою «душу», сползти к своей противоположности, а именно к не-праву или попросту к насилию над другим! В праве имеет значение только вопрос «доказательства». Вопросы о «фактах» имеют смысл только в той мере, в какой они могут быть оспорены и загнаны в рамки справедливого судопроизводства.

В конечном счете, иррационально верить в то, что юридическая проблема могла бы быть разрешена на фактическом уровне и к тому же предполагать, что какая-то фактичность могла бы позволить совершить переход к праву! Это — интеллектуальный подлог, который заставляет поверить, будто мы можем назвать фактичность «правом», чтобы идеологически рассматривать факты как право! Ничего хорошего не выйдет из этой затеи.

Тезис 3. Отбросить идеологию «уже-права»

Наш третий тезис утверждает в тесной взаимосвязи с предыдущим, что следует решительно отбросить любую идеологическую или референтную концепцию «уже-права». Его не существует; нет «уже-права» в этом мире и в данных обществах. Поскольку у права нет никакого физического существования, материального или социального, постольку любая иллюзия «уже-права» должна быть устранена и энергично отброшена по ту сторону нашего юридического горизонта. Следует пресекать любое влияние, любую идеологию, любую веру, которая постулирует существование или феноменальность «уже-права», а именно образа «права», наличествующего здесь и предположительно заданного «юридически». Для того чтобы понять этот тезис, надо проанализировать идеологический механизм в процессе создания такой веры в «уже-право» и тот ужасный эффект, который он производит в отношении понимания (и возможности) права.

Отправная точка в нашем анализе — одна из самых элементарных, а именно: если право создается на практике, то оно «создается на практике», но теория и все, что может быть сказано о практике — это совершенно другая тема! Право задним числом устанавливается юриспруденцией: устанавливается на практике в единственном числе, и это все! Таким образом, нет никакой возможности для «уже-права». Отсюда возникает необходимость для сторонников неопределенного или конкретного «уже-права» объединить практику и теорию, чтобы получить рабочую модель «уже-права», которую они могли бы изменять по своему усмотрению.

Долгое время юристы, даже самые закаленные среди них, на самом деле развивали идеологию посредничества между двумя сферами правовой мысли. Верить им — это как если бы один следовал за другим в зеркальной диалектике или просто в блеске двух страниц в книге, где одна из них отражается в другой в качестве дискурсивного эквивалента. Это как если бы язык, или степень «читаемости», предполагались отражаемыми от правой страницы на левую страницу, или, что вполне понятно, от страницы теоретической на страницу практическую: «уже-право» с одной стороны и «уже-право» с другой стороны.

Действительно, теоретиками «уже-права» используется образ зеркала. Ведь если зеркальный образ присутствует, то в результате, по их мнению, идеологическая форма может незамедлительно появиться в качестве синтеза, по-своему выражающего «право-здесь», «уже-право». Конечно, так выражается простая истина о взаимозаменяемости практики и теории, но она, кроме того, описывает образ уже совершившейся метаморфозы, наличествующей и действующей в таком качестве. Прежде всего, это — идеологический образ «уже-права», по сути, более спекулятивный, чем иррациональный. Этот образ «отражается» и всегда предполагается наличествующим согласно логике сходства: право с одной стороны, право с другой стороны! Иными словами, речь идет о смешении одного с другим, и образ «уже-права», который отсылает лишь к «возвращению» — всегда зеркальному — либо от практики к теории, либо от теории к практике.

Одна из причин успеха уже-права в правовой сфере связана с отношением между практикой (т.е. тем, что относится к фактам, реальности, действию / манере рационального поведения, аргументации) и теорией (предположим, совокупность абстрактных «знаний» / навыков / интеллектуальная спекуляция гипотетического характера) в праве. Легко представить, как такой редукционизм (по сути, это — эпистемологический абсурд) получает возможность покорить юридический мир. Теоретик, и к тому же «догматик» права, мог бы с апломбом заявить или, более ловко, внушить, что он «создает право». Можно было бы даже представить себе такие понятия как «юридическое правило», «юридическая норма», «юридическая сила», «конституционность», «юридические принципы», чтобы таким образом выдать теорию за бытие практики, или даже «права». Теоретическое понятие, происходящее от такой фантазии, в действительности образует «мост» — или исключительное образное выражение — прежде чем стать особым языком, в котором теория и практика соединились в образе «права-уже-здесь» или соответствующего «идео-права»! Единственный отсутствующий в этом танце образных выражений элемент, — а именно понятие «правового государства», — должен быть впоследствии приглашен на праздник, чтобы, конечно, стать юбиляром, «идеологическим памятником», достойным прославления в качестве доказательства существования «уже-права».

Такие маневры могут служить на уровне коллективной идеологии, насколько это возможно, сплочению все более и более гедонистического и нарциссического общества (иначе говоря, плюралистического и мультикультурного общества), чтобы так подкрепить ожидания внутри рамки *a priori*. Однако при этом теряется из виду горизонт практического смысла в нашей юридической современности.

Тот, кто верит в подобное «уже-право», рискует ничего не понять в современном обществе — ни современную реальность, ни юридическое требование. Когда мы принимаем позицию «уже-права», возникает опасность остановиться на ней, поскольку эта идеология тотчас встает как препятствие, стена, как нелегитимная «легитимность», которая препятствует любому юридическому суждению, адекватному фактам, и которая, что еще хуже, рискует обеспечить триумф силы, власти или олигархий, так ловко управляющих нами. Угроза, которую подобные концепции создают для любого юридического предприятия, усиливается, кроме того, за счет той легкости, с которой они могут пользоваться идеологией «уже-права», маскируя его такими словами как «конституционализм», «правовая доктрина», «юридическая экспертиза», или любой другой формулировкой того же типа с целью пресечь любые возражения, сломить любое сопротивление, которое встанет на защиту современного права.

Поэтому мы убежденно поддерживаем аргумент, согласно которому не должна быть принята никакая концепция «уже-права»! Скорее, следует утверждать, что вопрос о праве решается на практике в реальном мире с людьми из плоти и крови и, в конечном счете, представляет собой завершение спора, разрешаемого процедурным, дискурсивным, аргументативным, диалектическим путем через соответствующее судебное решение. Если каждый юрист или адвокат может иметь свои собственные представления о праве, которые следует высказать, то встанет совершенно иной вопрос о поиске аргументов, приемлемых для всех или юридически. Таким образом, право создается на практике и любая вера в «уже-право» не имеет оснований. Не существует хорошего или плохого права, или «уже-права», но, скорее, есть хорошая или плохая работа юристов, адвокатов и судей по интерпретации и аргументации. Если мы плохо создаем право, то оно будет «плохим»; если мы хорошо выполняем свою работу юриста, то право будет «хорошим».

Тезис 4. Посеем понятия, чтобы пожинать (иллюзорно) право

Наш четвертый тезис решительно отвергает новую тенденцию, которая состоит в том, чтобы посеять понятия и потом пожинать «право». Однако когда мы говорим «новая тенденция», это не совсем точно, поскольку речь идет, скорее, о рецидиве детских болезней теории и доктрины права, которые снова входят в моду с бо́льшим напором и силой благодаря отсутствию интеллектуальной бдительности и теоретических антител у юристов. Речь идет о перевоплощении старого представления, которое возвращается сегодня и против которого необходимо настаивать на том, что должно бы оказаться очевидным для всех: ничего нельзя достичь фактом обладания понятием или путем посева «понятий» направо и налево, надеясь на то, или уверяя в том, что посеяли «право».

Стратегия сеятелей понятий и их тактики захвата территории и власти в юридической науке могут быть проиллюстрированы путем анализа трех дискурсивных этапов, используемых чаще всего.

Первый дискурсивный этап, используемый сеятелями понятий, состоит в том, чтобы заставить поверить в существование одного или многих *юридических* понятий. Итак, если исторически юристы полностью отрицали «юридическое» существование понятий, то сеятели понятий занимают прямо противоположную позицию. По их мнению, необходимо, чтобы понятие юридически существовало в соответствии с чувствительностью к идео-праву, присущей каждому его стороннику. Как только этот результат достигнут, можно верить и уверять, что именно там, где посажено понятие, было обнаружено право. При желании можно также верить и уверять, что такие слова как «собственность», «договор» и т.д. уже являются «юридическими» и составляют часть права. Понятие «договор», таким образом, это не только «договор», но оно — «юридическое» само по себе! С помощью такой алхимии (не забывая, что этот спор о практической интерпретации договора называется юридическим) понятие «юридический» начинает самостоятельную жизнь как чисто идеологическое понятие. «Жизнь понятий» не имеет ровным счетом ничего «юридического», кроме того, что ей приписывает концептуальная фантазия сеятеля понятий! Это — автаркия юридического.

Второй дискурсивный этап заключается в убеждении, будто некоторые слова, понятия, категории и т.д. не были правильно поняты как имеющие отношение к праву. Тому, кто верит сеятелю понятий, надлежит исправить эту ошибку и признать, что некоторые понятия стали «правовыми» или являются «юридическими». Исторически такие экзотические понятия как «норма», «нормативность», «правило», «юридическое правило», «принцип», «суверенитет», «общественный договор», «справедливость», «эффективность» и подобные им понятия могли быть успешно признаны в качестве «юридических» или «правовых». Но и сегодня какой-нибудь сеятель понятий может элегантно и убедительно представить другие понятия по своему выбору как правовые, такие как «суверенитет», «народ», «нация» и т.д. Можно с удовольствием поискать в университетских дисциплинах понятия, которые позволительно упомянуть в качестве правовых.

Третий дискурсивный этап, особенно любимый сеятелями понятий, заключается в том чтобы верить или уверять, что другие слова, понятия, категории и т.д. содержат в себе компонент, оппортунистически называемый «правом». Таким образом, «устойчивое развитие», «справедливая торговля», «помощь в развитии», «справедливый доступ к морским ресурсам» и т.д., чудесным образом оказываются «правовыми» и «юридическими». Если все эти понятия вызывают сегодня большую симпатию в сбитом с толку мире, почему бы не утверждать, сея понятие, что оно уже является «правом»? Можно также утверждать, что вызывающие симпатию понятия в силу природы вещей снова соединяются с «правом» как выражение его прогрессивности и открытости миру. Если в каком-то уголке мире дела идут плохо, то почему бы не посеять там «правовое» понятие и утверждать, что этому «праву» не было оказано уважение!

Как мы можем наблюдать, сеятели «понятий» любят убеждать в том, что понятия колдовским образом уже являются «юридическими» или даже «правовыми». Поскольку это удобно, почему бы в это не верить? Почему бы не использовать понятия, предполагаемые «правовыми», как отправную точку. Почему бы не создать «*мировоззрение*» (т.е. мировую идеологию) для юристов? При этом каталог понятий, предполагаемых юридическими, всегда под рукой для получения метафизического (или доктринального) благословения. Такой каталог дает сеятелю понятий уверенность и гарантию, которая позволяет ему, как он считает, конструировать доктрину или правовую науку.

В результате такая «юридическая наука» должна была бы предлагать нам понятия, «нормы», «правила», «принципы», относящиеся к правовой доктрине, подобно тому, как скобяная лавка на углу снабжает нас инструментами. Сеятеля понятий, называемых «правовыми», можно сравнить с владельцем скобяной лавки, ассортимент товаров в которой настолько широк, что он готов к любым неожиданностям и превратностям судьбы. Он трудится в этой скобяной лавке, чтобы подправить старые понятия в качестве «права», перековать их, или даже вложить в уже существующие понятия новое содержание.

В конечном счете, язык неизбежно становится «властью», поскольку с тех пор как доктрина / догматика (всегда оппортунистически характеризуемая как право) села в седло в качестве господина над словами, все непосредственно зависит от сохраняемого понятия! Тот, кто внимательно следил за развитием теории в том, что касается формирования юридической догматики, несколько удивится здесь, вспоминая знаменитую школу юриспруденции понятий, что все возвращается к отправной точке: к идеализации понятий, которая, собственно говоря, снимает любой правовой вопрос. Если эта школа действительно считалась вершиной теории права в XIX веке (и даже в начале XX), разве не любопытно наблюдать за тем, как она возвращается в XXI веке подобно ударной волне? Согласно Марксу, сначала как комедия, а потом как трагедия.

Конечно, можно было бы подробнее поговорить об идеологии «посева понятий для сбора права», о ее вариантах и метаморфозах, но напомним, что насколько заманчивой и утешительной может показаться эта концепция, настолько весомы рациональные причины отказа от нее. Такая идеология абсорбирует или кристаллизует весь вопрос о праве внутри догматики (догматика также ошибочно представляется как «право») и приводит к тому, что вопрос о праве снимается в пользу модного «понятия», которое доминирует в этой догматике. На наш взгляд, пагубным последствием данной концепции идео-права является то, что человек с его плотью, костями и душой — уже не говоря о его правовом статусе — передается во власть доктрины и догматики полностью ограниченным и зависимым от тех гетерогенных сил, которые наполняют нашу жизнь в обществе. Отметим по поводу последнего аргумента, что «жизнь понятий» быстро избавляется от своих узко доктринальных рамок для того, чтобы присоединиться к неравномерному распределению власти, которое отличает общество, утверждающее наиболее темные и ретроградные силы.

Что скрывается за этой одержимостью «посевом понятий» и ролью хранителя понятия, которая является ее результатом, если не комплекс неполноценности, раздирающий душу юристов при виде ученых, или даже их неотвязное желание тоже заниматься «наукой» в виде жонглирования понятиями. По сути, нам кажется, что это желание находит свое воплощение в «понятийной логике», которая не имеет ничего общего с наукой в ее нормальном понимании. Посев понятий осознается как повторение аксиоматичных или общезначимых правил, которые провозглашаются как «правовое понятие», не имея отношения к «науке» и, прежде всего, к праву. Неизбежным результатом этого становится догматическая (доктринальная) избыточность и хроническая слепота в том, что касается смысла, которым наделяется вопрос о праве в демократическом обществе.

Заключение: Чтобы высказываться в более реалистичной манере

Если мы правы, полностью или отчасти, тогда мы сталкиваемся с некоторыми проблемами в области юридических наук. Мы имеем проблемы:

(1) с «научностью», которая больше не функционирует адекватно и, прежде всего, не защищает нас надлежащим образом от обскурантизма, все чаще и чаще вмешивающегося в создание права;

(2) с нашим подходом к созданию современной доктрины (догматики), в которой обнаруживается все более настораживающее и идеологическое интеллектуальное отречение;

(3) с эпистемологическим разграничением в отношении «идео-прав» и иррациональностей, которые проникают в право или любят злоупотреблять словом «право» по непонятным причинам или просто для того, чтобы пересыпать речь модными словами.

Мы далеки от мысли разрешить эти проблемы в рамках настоящего эссе. Скорее, наша цель состоит в том, чтобы захватить сознание, открыть дискуссию, дающую пищу для размышлений и никогда не уступать ни пяди земли для властных игр наших сектантов. В этом смысле мы являемся приверженцами юридической современности, в которой хорошо жить!

II. Небо, затуманенное уже-правом: эпистемологическая критика

Уже-право хочет заставить нас поверить в существование «права», предполагаемого «уже наличествующим» в социальной или юридической реальности. Оно нелогично постулирует, что существует инстанция «уже-права» или даже «объект-право», содержащийся в зачаточном состоянии в реальности и доступный для познания. Мы отвергаем такой подход решительно и бескомпромиссно, поскольку он невозможен и иррационален.

Мы утверждаем, что вопрос о праве не вписывается ни в один модус существования или «предшествования», реального, социального или юридического, и что следует отделываться от таких идиосинкразий со всей ясностью ума и с полной определенностью. Таким образом, целью является деятельность во благо интеллектуального здоровья в области юридической мысли и избавление от крайне удобного, но, увы, очень обманчивого образа уже наличествующего «права», от имеющегося в распоряжении или доступного для наблюдения «уже-права».

Мы далеки от того, чтобы составлять скучный список всех теорий (и теоретиков) права, которые обращаются к образу «уже-права» и строят на этом постулате замки из песка. Как будет показано ниже, это касается, в конечном счете, «позитивизма», называемого научным (и его аналитических, реалистических, эмпирических и т.д. направлений), а также теорий, которые злоупотребляют гуманитарными науками, чтобы создать удобный и хорошо служащий им объект «уже-права». Итак, вопрос об «уже-праве» не относится, строго говоря, к определению феномена, но более адекватен признанию того, что действительно в сфере юридической мысли существует арсенал теорий, которые претендуют на то, чтобы говорить, анализировать и писать так, как если бы «право» уже существовало! Иными словами, постулируется: 1) что теория (метод или методология) позволяют нам выражать свое мнение об «уже-праве», которое существует; 2) что мы можем в рамках наблюдения, описания или «нормативности» ссылаться на «уже-право»; 3) что мы можем пользоваться «уже-правом» (в модусе бытия и обладания) или же переживать его, экзистенциально или психологически (в качестве поддержки и подтверждения реальности). «Уже-право» является в некотором роде наркотиком для ума, что подтверждается как в его позитивистских или реалистических фармакопеях (на парижский манер), так и в метафизических и социологических.

Чтобы отвратить участь «уже-права», насколько это возможно, мы выдвинем против него четыре эпистемологических аргумента. Наш первый аргумент заключается в том, «право» возникает в результате справедливого и беспристрастного процесса и что абсурдно рассуждать о предварительности «уже-права» и допускать его существование в какой-нибудь «реальности». Наш второй аргумент утверждает, что юристы работают на практике с «текстами-инструментами», чтобы исполнять свои обязанности, и что иррационально настаивать на том, что эти тексты, эти инструменты своим существованием указывают на какую-нибудь творческую работу, выполняемую в модусе «уже-права». Наш третий аргумент утверждает, что методическое взаимоотношение между инструментом-текстом и вопросом о праве понимается как овладение инструментами, и что методологической ошибкой является объективация инструментов-текстов с помощью методологической уловки «уже-права». Наш четвертый аргумент состоит в защите идеи о том, что право реализуется на практике и что теория (метод и методология) никогда не позволяют нам выражать свое мнение о праве. Собственно четыре аргумента преследуют единственную цель очищения современной правовой мысли от любой идеологии «уже-права».

1-ый аргумент: право является результатом справедливого и беспристрастного процесса

Отметим сначала, что право никоим образом не зависит ни от одного априорного суждения (неважно, выражено оно в нормативном или фактическом, эмпирическом или историческом, догматическом или генеалогическом модусе и т.д.), или от чего-то предшествующего ему, что подтверждает его наличное «бытие». Напротив, мы полагаем, что право появляется только в результате справедливого и беспристрастного судебного процесса и что оно никогда не выходит из этого состояния «результата». Следовательно, любая интеллектуальная операция, имеющая своей целью преобразование этого «результата» во что-то другое, ничего не изменит в таком положении вещей. Право, понимаемое на индивидуальном уровне (или мыслимое в общем виде), соотносится лишь с тем, чем оно стало для сторон, обратившихся к «праву»; и то, что было принято как результат справедливого и беспристрастного судебного процесса, должно на данный (и логически определенный) момент времени конституировать для них «право».

Понимаемое так, «право» не располагает (или не корреспондирует) никаким априорным суждением (или предшествованием, неадекватно называемом «правом») и также никаким *a posteriori*! Логически априорное суждение указывает на конфликт между различными индивидами (или идентифицируемыми интересами), который приведет к правовому результату, тогда как апостериорное суждение логически является извлечением выгоды из исторического суждения, которое на данный момент создает «право» для людей, принявших участие в этом судебном процессе. Подчеркнем, что право в строгом смысле касается только индивидов (или заинтересованных лиц), которые приняли участие в процессе и которые были поименованы во время и по итогам этого справедливого и беспристрастного процесса, и, как следствие, никого другого (в качестве «права»). Это означает также, что право понимается и мыслится рационально на уровне участников судебного процесса, которые вступают в процесс во имя правового решения; отсюда утверждение о том, что смысл права открывается участникам процесса, которые соглашаются жить по праву.

Сторонник «уже-права» не принимает такой рациональности, руководствуясь параметрами, описанными нами выше. В отрыве от практики он думает, размышляет о праве как о чем-то «наличествующем», которое существует до и после, и не принимает во внимание участников процесса, адвокатов, споры и другие вопросы, которые представляются ему достаточно сложными. Они касаются той процедуры, от которой он, часто добровольно, отстраняется, поскольку она кажется ему тривиальной. Скорее, он мыслит право по аналогии с игроком в мяч, играющим перед публикой, или воображает себя в качестве зрителя на трибуне, который наблюдает за игрой, описывает и анализирует ее. Он представляет, что право — это «игра», и чтобы заставить принять свою модель, обращается к шахматам, бейсболу, футболу или к любой другой игре. Некоторые проводят аналогию даже с кухней или театром, а другие приводят в качестве примера игру в карты или шашки. Этот образ позволяет утверждать, что для игры необходимы «правила», «нормы» и «нормативность», и наблюдая за игрой, описывая и анализируя ее, наблюдатель обнаруживает, что «правила», «нормы» и «нормативность» предшествуют этой игре. Затем сторонник «уже-права» с апломбом утверждает, что право также является игрой, чтобы таким образом извлечь слово «правовой» (или юридический) из своего интеллектуального багажа и поместить его рядом с названными «правилами», «нормами», «нормативностью»! Фокус проделан, и люди, верившие в то, что заниматься исследованиями в юридической сфере сложно, теперь знают секрет! Речь идет исключительно о наблюдении, описании и анализе игры, а также о добавлении научных понятий, оправдывающих игру, чтобы таким образом пожинать «уже-право».

Итак, на первый план выходит воображаемая игра, которая приглашает к наблюдению и к вере. Это игра, в которой каждому (особенно исследователю) предлагают вообразить, что на его глазах обнаруживается право, напоминающее игру в мяч. Как только «мяч» оказывается на поле, игра начинается, и с этого момента действуют — если вы в это твердо верите — «правовые правила», «юридические нормы», «нормативность права», вступающая «в игру». Так, игра становится онтологическим предварительным условием, которое должен вдохнуть жизнь именно в ту игру, в «правовые правила», «юридические нормы», «нормативность права» и другие подобные им выражения. Речь идет об онтологии права, которая психологически подталкивает к тому, чтобы поверить или представить, что исследователь может на самом деле наблюдать, описывать и анализировать «право», чтобы оно «было». Онтология или парадигма «игры» насмехается над реальными и произнесенными словами, чтобы психологически лучше сделать «научный» вывод о том, что некоторые слова были всегда, что они наблюдаются, обнаруживаются и вызывают восхищение ученых как «уже-право». Если бы это было правдой, то каждый сторонник «уже-права» обладал бы необходимыми качествами для того, чтобы говорить о том (и заставлять других в это поверить), что он создает право, что он единственный, кто знает игру, что он наблюдает за ней и играет в нее по-своему. Еще хужс, что он может видоизменить игру в силу своих знаний.

Сторонник «уже-права» может легко представить себя в желанной роли игрока из «Harlem Globetrotters» или просто в роли виртуоза игры в мяч — маэстро, который знает как артистически и эстетически обработать мяч, закрутив его, сделав поворот или пируэт. Только те, кто обладают «научным» знанием, могут восхищаться его игрой. Если «право наличествует» здесь и сейчас, или если «уже-право» может быть схвачено нашими чувствами, то чтобы говорить или играть, необходимо знание игры. Тот, кто владеет терминологией игры, знает «юридические правила», «юридические нормы», «нормативность права»; он заявляет, что именно его «знание» подтверждает, оправдывает и объясняет существование уже-права! Он (или она) мобилизует это «знание» с тем, чтобы требовать, презюмировать, что «уже-право» обнаруживается (или раскрывается) на наших глазах и что, таким образом, необходимо наблюдать — в любом случае тому, кто твердо верит в это вопреки разуму — «уже-право» как наличествующее здесь и сейчас, как доступное для наблюдения одинаково на сцене или с балкона. Впрочем, возможен вздох уныния и эмпатический «тем хуже» бедолаги, который не смог увидеть право и безнадежно его ищет!

Запомним, что, в конечном счете, «знание» вынуждено гарантировать, что «право уже наличествует здесь и сейчас» онтологически! Чтобы утверждать, что тот, кто адекватно управляет «знанием», может с полной уверенностью гарантировать, что слова, которые он произнесет, являются «правом»! Отсюда «знание» предполагается в иррациональной и нелогичной роли онтологии, которая оправдывается как способная произнести «право» в качестве «уже-права». Как таковая, эта современная и модернистская форма онтологии права сильно отличается от античной юридической онтологии в той мере, в которой она основывается на постулате «уже-права», способного быть объектом исследования, описания и анализа. Тот, кто на самом деле ищет в *социологической юриспруденции*, социологизме «юридической» инженерии, юридическом бихевиоризме, американском или скандинавском реализме, обычном или «научном» позитивизме и т.д., обнаруживает там лишь призыв (метафизический — *sic*!) присоединиться к наличествующей онтологии, «уже-здесь» присутствующей. Тот, кто пишет со знанием об этом «присутствии», создает «право» в знании / наблюдении / освоении «уже-здесь-существующего-права». Тем хуже, если это доказательство ходит по кругу! Тем хуже, если это доказательство не предполагает никаких объяснений или не добавляет ничего другого или дополнительного к тому, что уже было озвучено предварительно!

Проблема состоит в том, что это абсурдно, иррационально и нелогично! Вера в то, что онтология может служить нам для утверждения наличия «права», и что это право может быть интерпретировано как «уже-право» — это не что иное, как *галиматья*. Мы решительно утверждаем обратное, а именно, что мы никогда не сможем написать право, исходя из онтологических посылок, что иррационально в это верить и что любой человек в здравом уме должен отказаться от попыток обнаружения права! Достаточно прочитать и понять диалог Алисы и Короля из «Алисы в Зазеркалье» Льюиса Кэрролла:

«— Итак, кого вы видите?

— Никого, — ответила Алиса.

— Я бы дорого дал, чтобы иметь такие глаза как ваши, — раздраженно заметил Король. — Быть способным увидеть Никого, Нереального собственной персоной! Да еще на таком расстоянии! А я, по правде, способен только иногда видеть кого-нибудь вполне реального!»

Вот проблема! Мы сможем увидеть только то, что «вполне реально»! И до сих пор нам не удалось увидеть право! Причина этого достаточно проста: право не существует в модусе видения.

2-ой аргумент: юрист работает с текстами-инструментами

Наш второй аргумент заключается в утверждении, что юрист работает с текстами, которые являются его рабочими инструментами. Тот, кто готовится приступить к юридической работе, должен знать, при помощи чего делают ту работу, которая от него требуется. Если проблема, условно признанная юридической, создается не юристом, но общественной жизнью, и главным образом, его клиентами, то юрист, призванный выразить свое мнение о ней, очевидно, нуждается в текстах, поскольку без этих инструментов он бы просто не смог ничего сделать. В конечном счете, «тексты» необходимы — чему мы пока не даем оценки — чтобы работать над решением проблемы, условно определяемой в качестве юридической теми, кто не является юристами. Что это означает?

Это означает, что таким же образом, как плотник работает с молотком, пилой, дрелью и т.д.; как каменщик работает с мастерком, гладилкой, грейфером и т.д.; как экономист работает с цифрами, статистикой, демографическими или географическими данными, так и юрист работает с текстами. Это его рабочие инструменты и без них он не может ничего сделать! Так же, как и молоток, мастерок, цифры и статистические данные, которые, строго говоря, «сами по себе» не имеют никакой ценности, кроме того, что их используют при проведении работ. Именно через их применение плотник, каменщик и экономист сумеют «заставить заговорить» свои инструменты. Эти последние не говорят сами по себе, но им дается голос через то, что осуществляется обращение с ними, через их интерпретацию, иными словами, на практике. Инструменты оправдываются и объясняются через то, что делают с ними действующие лица. Наличие инструментов в руках рабочего или на стройке означает только то, что была произведена какая-то работа. Без инструментов, без текстов юрист, строго говоря, не способен ни на какой пустяк!

Так же, как плотник больше не изготавливает свой молоток, пилу, дрель и т.д., но покупает их у своего поставщика; как каменщик покупает свой мастерок, гладилку и грейфер; или так же, как экономист получает статистические данные от статистиков, юрист получает свои «инструменты». Его снабжают ими люди (или «институты»), которые делают, производят тексты на перспективу, что эти последние окажутся полезными в качестве «инструментов» для юридического предприятия. Конечно, отдельный юрист как специалист по праву, а также из соображений предусмотрительности для своих клиентов, может сам принять участие, индивидуальное и частичное, в производстве некоторых из этих «инструментов» (т.е. договора, соглашения и т.д.). Но это не даст ему возможности, даже если бы он попытался, добавить слово «правовой» или «юридический» к этим текстам.

Выбор и производство «текстов-инструментов» с целью обслуживания юридического предприятия зависит от конвенциональной ситуации, присущей обществу, сделавшему выбор в пользу юридической современности. Это также верно и в отношении вопрошания о роли или предполагаемом «весе» взятых на вооружение инструментов. Все это осуществляется на расстоянии и независимо от юристов, к чему добавляется также констатация того, что наступление демократии (в качестве модуса жизни и политики) предполагает еще большее удаление юристов от выбора и создания «текстов-инструментов». Что касается вопроса о предпочтении текстов-инструментов, то исторически, на протяжении веков, он порождал много споров, и в конце концов свелся к модели текстуального авторитета, относящегося к законодательству, юриспруденции, доктрине и обычаю (включая договоры, сделки, расписки и т.д., а также соглашения, делающие «закон» участников процесса). Однако этот спор не был разрешен раз и навсегда и неустанно порождает бесчисленные научные словопрения (так же как политические и идеологические), чтобы добавить другие текстуальные авторитеты. Кроме того, это более или менее допускается и признается в различных специфических отраслях «права», главным образом, в области, называемой международным «правом», где в качестве авторитетных текстов-инструментов добавляются «договоры», «конвенции» и т.д.

Между тем, это ересь — приписывать какой-то смысл, ценность или внешний характер (психологический или идеологический) тексту или текстуальному авторитету, поскольку следует признать, что не существует ничего «вне текста», ничего под или над текстом, ничего выше текста и ничего рядом с текстом. Любой дискурс или предположение, которые пытаются ввести психологическую, реалистическую, эмпирическую, социологическую, бихевиористскую, нормативистскую и т.д. реальность, лгут и плутуют, пытаются контрабандным путем сформулировать, изобразить или оправдать идеологическую или теоретическую позицию в тексте и внутри него в ущерб любому здравому эпистемологическому соображению. Следовательно, необходимо отвергнуть любую онтологическую претензию «юридического правила», «нормы» (или нормативности), юридического обязательства и т.д. в модусе «уже-права» в отношении инструментов, поскольку это зависит, строго говоря, от метафизических установлений. Речь идет об «объективирующей» стратегии признания «уже-права», хотя на самом деле речь идет о тексте. «Текст» не представляет собой ничего, кроме напечатанных слов, иногда опубликованных в официальных изданиях или размещенных в электронной базе данных.

Так же иррационально приписывать тексту «имманентность» или «присутствие» в праве. Уверенность в том, что мысль или интерпретация служит разоблачению, хотя и на правовом или юридическом уровне, относится к магии, колдовству. Тексты, используемые юристами, чтобы выполнять свою работу, никогда не должны рассматриваться как рождественский подарок, который после того, как его распакуют, покажет нам чудеса «уже-права». Текст никогда не должен пониматься как соотносимый с другой инстанцией, которая предполагается наделяющей его смыслом или придающей ему характер «уже-права». Понимание текста в качестве онтологии «потребности», «интереса», «обязанности», «инженерии» сводится, строго говоря, к онтологическому захвату и не объясняет ничего в отношении права (но многое в отношении стратегии власти, применяемой тем, кто ей манипулирует).

Необходимо просто понять, что «инструменты», которыми пользуется юрист, имеют только тот статус, которым они обладают в настоящий момент времени. Они все имеют статус «древности», они все «датированы» (иногда с точным указанием времени), они все представляют собой историческую данность. Судебное решение, принятое верховным судом, приобретает свой исторический статус в следующую секунду после его опубликования и, таким образом, оно может быть принято только в качестве юридической возможности быть, образно выражаясь, влитым в исторически набранный бассейн как еще одно дополнение к «юриспруденции» в целом. Все инструменты юристов «датированы», и ничто «живое» (или другие биологические метафоры, социологические или историцистские) не выходят за пределы простой хронологической констатации. Все тексты-инструменты не имеют истории и будущего — особенно грядущего — но лишь дату, которая удостоверяет, что текст «датирован». Думать иначе — значит верить в фей и вставать на идеологическую скользкую дорожку, к сожалению, ведущую к идеологии «уже-права».

Отсюда следует, что те инструменты, которыми пользуются юристы, не сообщают нам ничего относительно «права» или «юридического», т.к. именно нам надлежит делать и то, и другое. Не следует верить в то, что «тексты-инструменты» позволяют нам проходить сквозь зеркало на другую сторону «уже-права». Перефразируя «Алису в Зазеркалье» Льюиса Кэрролла:

«…Там есть эта комната, которую ты можешь видеть в зеркале... Она совсем такая же, как наша гостиная, только там все наоборот. Я хочу увидеть ее целиком, когда я залезаю на стул… всю целиком, кроме той части, которая находится за камином. Ах! Я умираю от желания ее увидеть! (…) Книжки там очень похожи на наши — только слова написаны задом наперед. Я это точно знаю, потому что как-то раз я показала им одну из наших книг, а они показали мне свою в другой комнате.

(…) Это было бы чудесно, если бы можно было войти в Зеркальный Дом! Давайте делать вид, что мы так или иначе можем туда войти. Давайте делать вид, что стекло может стать таким же мягким как газ, чтобы мы могли пройти через него. (…) Теперь довольно легко пройти через него…».

Тем не менее, никогда не надо ни «делать вид», ни проходить по ту сторону разума и, очевидно, никогда не надо верить словам, написанным «задом наперед». Надо устранить чарующий образ, коварно наводящий на мысль о том, что тексты-инструменты предоставляют нам доступ к какому-то «уже-праву», или верить в то, что инструмент для производства «права» отличается от инструмента или права, уже признанного в качестве такового. Необходимо отказаться от спонтанной идеологии, которая обманным путем внушает нам, что «уже-право» существует и мы должны, вопреки разуму, принять неприемлемое!

3-й аргумент: овладеть своими текстами-инструментами

Наш третий аргумент представляет собой напоминание о том, что каждый юрист знает наизусть, а именно, что необходимо ознакомиться с инструментами для того, чтобы ими овладеть и, главным образом, оценить, что можно рационально и юридически сделать с их помощью. Так же как плотник, каменщик или экономист заинтересованы в том, чтобы понять и овладеть своими инструментами (напомним, что именно инструменты определяют, что можно сделать с помощью труда), юрист должен будет стать «хозяином» для своих инструментов, своих текстов-инструментов.

Если действительно тексты являются инструментами для юристов, следует предположить, что они существуют для того чтобы быть изученными и освоенными. Профессиональный долг юриста заключается в том, чтобы «овладеть своими инструментами и знать их», а также иметь представление о том, «что с ними делать». Речь идет об ответственном индивидуальном акте «ознакомления» со своими инструментами и даже если это занятие не дает само по себе, повторим, ничего специфически «правового» или «юридического». Компетентность юриста в отношении своих текстов-инструментов не гарантирует ничего относительно качества ответов на правовые вопросы.

Однако нелогично ставить вопрос о «методе», который в перспективе «уже-права» коварно предполагает осуществить невозможное, дать «уже-право» и нарисовать квадратный круг через метод, герменевтику, интерпретацию или «конструкцию» (социальный «конструктивизм» (*sic*!), юридический конструктивизм)! И как же это сделать? Постулируя, что метод служит вопрошанию, схватыванию или прояснению «объекта», и что этот последний так или иначе включает в себя «уже-право». Итак, этот «объект» должен, по мнению того, кто верит в предсуществующее право, быть взаимосвязанным с «уже-правом». Следовательно, необходимо искать «объект», чтобы увидеть, как раскрывается «уже-право»! Иными словами, если вы верите в то, что право наличествует в качестве субстанции (речевой), вам не остается ничего другого, как искать субстанцию там, где она предположительно находится, а именно в «праве», правовой системе, правовой реальности (*sic*!) и подобных выражениях, чтобы обнаружить его в модусе «уже-права».

По сути, это необдуманное злоупотребление моделью современной науки, которая ставится на службу идеологии. Она действительно создается по образцу «субъекта познания», относящегося к «объекту исследования» — философски это описывается в качестве «субъект-объектного отношения». Это базовая модель наук, называемых точными (иначе говоря: естественных наук), в которых исследователь методологически конституируется в качестве «субъекта», выводя за скобки свою личность и индивидуальность. В этой модели метод, а за ним субъект открывают физическую реальность (или биологическую, генетическую и т.д.) и только метод раскрывает объект, заставляет его «говорить». В этом смысле, исследователь присутствует только благодаря методу и никогда в качестве индивида, так же как метод заставляет объект «говорить» по всем правилам науки, несмотря на то, что думает и совершает исследователь в качестве индивида. Авторитет естественных наук основан, таким образом, на скрупулезном использовании такого метода исследования и на повторении того же результата, который из этого вытекает.

Теперь легко понять причину, по которой такая модель обладает всем, чтобы соблазнить юриста, исследователя-юриста! Такой юрист должен стать своим «собственным методом» или даже суверенным хозяином метода, который постулирует существование объекта, «уже-права», утопии. Кто в юридическом мире не хотел бы пристроиться, — по возможности, без обмана, — к авторитету естественных (и физических) наук и называться ученым, соответствуя их базовой методологической модели. Особенно если для этого требуется лишь утверждать наличие «уже-права», которое такие ученые обязуются обнаружить потом? Действительно, зачем отчаиваться, признавая, что в правовой сфере нет никакой рациональной возможности установить и научно верифицировать «объект исследования», когда все, что требуется — это идеологически перепрыгнуть через все реальные научные препятствия и поверить (заставить поверить) в то, что есть метод, способный «подвергаться резорбции» в рамках перспективы онтологической заданности, внутри объекта (совершенно очевидно, не существующего), называемого «правом»?

Речь идет только о том, чтобы самим убедиться, что это возможно, что некий «метод» способен уверить или разуверить нас в том, что есть доступ к какому-то «уже-праву», готовому к нашему «познанию», «наблюдению», «признанию», и поверить в то, что слова преданно и без сопротивления следуют за объектом нашей веры. Вот та идея, которая, по существу, проникает в юридическую мысль с начала 19-го века и которую можно резюмировать в утверждении о том, что некий объект существует как «право» и что наблюдаемый, описываемый и анализируемый объект и есть «право».

Итак, перед сторонником «уже-права» открываются три пути.

В первую очередь, он может утверждать, что метод создает то, что ищется. Разыскиваемый объект в силу этого зависит от метода и своей доступности, поскольку известно, что он уже существует. Тот, кто ищет «уже-право» в такой методологической перспективе, безусловно, найдет его, т.к. именно объект оправдываст и объясняет образ действий, и, прежде всего, утверждает результат как то самое искомое «уже-право». Этот метод позволяет вам, на самом деле, ошибочно утверждать, что вы обнаружили то, что искали, описывая результаты исследования терминами «уже-права», таким же образом, как, уточним, обращение к вышеупомянутому методу оправдывает и делает приемлемым ваши претензии по отношению к «объекту исследования». Как следствие, метод оказывается «концепцией реальности», мировоззрением, — как в свое время говорили марксисты, — или парадигмой, вводящей «имя» или «слова» в исследование. Это, главным образом, историцистский или генеалогический аспект (сошлемся на Мишеля Фуко, постмодернистов и т.д.) вводит в заблуждение. Нечто, задействованное в качестве «метода», все объясняет интеллектуальным запасом, который сопровождает метод. И если метод представляет собой интеллектуальный продукт, то аура, слава, реноме, которые исходят от великих имен, переносятся автоматически на этот культурный продукт, чтобы сделать вас буквально непобедимыми. Впрочем, у вас исчезла неуверенность, неизбежно сопровождающая разговор от своего имени, поскольку это не вы провели исследование, но метод!

Сторонник «уже-права» может так же решительно утверждать, что метод генерирует собственную онтологию. А именно, когда метод говорит (через интерпретацию), тогда и обнаруживается правовая «реальность» (*sic*!). Предполагается, что метод гарантирует это фактом своего словаря, в котором есть «причина», «результат», «влияние», «практика», «изменение», «живое», «зарождающийся», «прогресс», «исторический», «линейность», «общность», «общество», «глобальный», «мировой», «международный» и т.д. Исторические, социологические, антропологические методы оказали настолько большое влияние на право, потому что они позволяли объяснить право как уже-здесь наличествующее, как «уже-право». Стороннику «уже-права» достаточно спокойно прочитать несколько книг, чтобы утверждать, что он провел исследование! Он мог бы прочитать, например, десять книг по социологии и утверждать, что нашел «уже-право» на том основании, что он сам является юристом по образованию. Он мог бы так же прочитать книги по истории, антропологии, экономике и т.д., и утверждать то же самое. В конце концов, идеология «уже-права» подтверждается фактом прочтения одной книги, как если бы кто-то заявлял, что он провел исследование на том основании, что он много прочитал!

Наконец, сторонник «уже-права» мог бы также утверждать, что правовым объектом являются тексты, подлежащие интерпретации. В этом смысле напомним, что языческий бог Гермес — откуда произошло понятие юридической герменевтики — изображался (если речь идет о греческой мифологии) посредником между олимпийскими богами и людьми. Отсюда образ метода (и интерпретации), который, находясь между текстом и интерпретатором, обусловливает «значение», или в равной степени открытие «уже-права», получаемое благодаря методу (философскому). Стороннику «уже-права» не остается ничего иного, кроме как утверждать, что «уже-право» объективно существует по отношению к методу, чтобы затем с помощью того же метода, интерпретировать тексты (или «реальность», которая предполагается идущей в ногу с текстами — *sic*!), чтобы увидеть подтверждение первоначального «уже-права». Демонстрация метода как предварительного приводит, таким образом, к тому, что реальный интерпретатор уходит на второй план, чтобы скрыться за методом, который нацелен только на «объект», предполагаемый наличествующим здесь, наличествующим здесь в качестве «уже-права».

Найти «уже-право» по итогам методической интерпретации означает вытащить счастливый билет, *maran-atha (приди, Господь — арам.)* ликования — момент, когда исследователь вырастает в своих собственных глазах. Тем хуже, если у этого практически нет содержания, нет никакой ценности и, прежде всего, никакой научной или эпистемологической ценности.

В целом речь идет о логической (и методологической) ловушке! Ловушка разума, которую Льюис Кэрролл в своей «Алисе в Зазеркалье» представляет нам следующим образом:

«— Когда я беру слово, — возразил Шалтай-Болтай немного пренебрежительным тоном, — оно точно означает то, что мне хотелось бы, чтобы оно означало... ни больше, ни меньше.

- Вопрос в том, чтобы знать, есть ли у вас власть заставить слова означать не то, что они хотят сказать, — сказала Алиса.

- Вопрос в том, — возразил Шалтай-Болтай, — кто будет хозяином... И точка».

Что касается нас, перспектива стать хозяином метода и слова «уже-права» не имеет ничего общего с научным исследованием! Тексты-инструменты, которыми пользуются юристы, не дали бы им никакой власти в отношении элейского «уже-права». Напротив, необходимо удовлетвориться той логикой, согласно которой слова не означают ничего другого, кроме того, что они хотят сказать, а юристы, как следствие, продолжают давать «юридические советы», развивать правовую доктрину, преимущественно никогда не произнося слово «право»! Иными словами, наиболее важное в методе — понять то, что мы никогда не сможем «обнаружить, увидеть и проанализировать»!

4-й аргумент: вопрос о праве относится к практике

Наш четвертый аргумент отстаивает идею о том, что право создается и реализуется на практике через справедливый и беспристрастный судебный процесс перед лицом приглашенной третьей стороны, а именно судьи (т.е. суда, магистрата, государственного судьи или профессионального судьи), и нигде больше. Юристы «практически» работают со своими текстами-инструментами, подобно плотнику, каменщику, экономисту. Когда человек обращается к услугам юриста, это происходит потому, что он нуждается в компетентном специалисте, чтобы подготовиться к участию в судебном процессе или избежать этого. Напротив, сторонник «уже-права» стремится разместить свой концепт на уровне теории, чтобы заняться интеллектуальной контрабандой, а именно снова найти или обнаружить «уже-право» на теоретическом уровне. Если эта концептуальная попытка окажется успешной, то право будет там, освященное, в «уже-праве», теоретически готовом быть навязанным другому в перспективе соединения и идеологического вовлечения, или чтобы учредить теоретический клуб (или философский, социологический, исторический и т.д.) «уже-права».

Обратимся к Иммануилу Канту для объяснения нашего аргумента. Главным образом, потому, что Кант символизирует парадигматически (и эвристически) два возможных подхода к роли теории относительно права. Приведем слова И. Канта из его самой известной книги «Критика чистого разума» (1787): «Юристы все еще ищут свое определение права». Именно в двусмысленности этого предположения таится изъян. Прежде всего, верно ли это предположение?

Нет, нисколько! Почему юристы должны искать определение для понятия, субстанции, называемой «право»? Зачем искать такое понятие и каким будет логическое и рациональное взаимоотношение между понятием и практикой «права»? Нет ли более полезного занятия, чем искать понятия или определения? Станут ли они счастливее после того, как обнаружат понятие с субстанцией, называемой «право»? Проблема заключается в том, что Кант ошибается, и ошибается жестоко. Юристы больше не нуждаются в «определении для своего понятия», как врач сегодня не нуждается в «определении» или «понятии» болезни, чтобы понять свою роль по отношению к пациентам, или просто по отношению к болезни. Если, таким образом, Кант ошибается на «концептуальном» уровне, то что можно сказать о двух ролях, предусматриваемых теорией в отношении права?

Во-первых, в строгой интерпретации Канта, он сам придет к выводу, обозначенному выше, а именно, что понятие бесполезно. По сути, Кант учит нас в «Критике чистого разума» (1787) — откуда, как мы отметили, была взята эта цитата — тому, что юридический мир (релевантный точным наукам) не разговаривает с нами, и что мы нуждаемся в теоретических предварительных условиях, чтобы заниматься научными исследованиями (применительно к физическому или природному миру). Здесь он абсолютно прав, поскольку исследование в области точных наук (т.е. номотической и аксиоматической области) дает только предварительные результаты в ожидании процесса строгой верификации, проводимой через второе экспериментирование (независимой лабораторией) и с учетом принципа оспоримости. Иначе говоря, необходимость теоретического основания для проведения научного исследования оборачивается против теории в том смысле, что эта последняя всегда, строго говоря, «ложна» (т.е. ненаучна или зависит от личного убеждения, не поддающегося верификации), если вторая проверка не сможет подтвердить научных результатов, полученных при первой проверке. То есть ученый полагается на верифицированный, «подтвержденный» результат исследования — и никогда на теорию. В этом смысле Кант принимает участие в «коперниканском перевороте», рационально придавая особое значение теоретическому основанию и удостоверяя то, что только верифицированные в ходе второй проверки результаты научного исследования могут называться «научными».

Применительно к вопросу о правовой «теории», это воззрение означает, что любая теория права будет ложной и останется таковой до конца света! Почему?

Просто потому, что никакая проверка рационально не возможна или не реализуема — ни первая проверка, ни вторая проверка — разве что в воображении, и никакой магический или «теоретический» момент (*sic*!) не изменит этого. Если Кант прав, — в чем мы не сомневаемся, — это означает, что теория права должна будет перестать высказываться по поводу реальности, предполагаемой «правовой», и еще меньше по поводу практики (т.е. в той степени, в какой теория требует подчинить теорию научности, управляемой той же теорией). Потому что, повторим, проверка на уровне «результата научного исследования» исключает «теорию» в любой допускаемой роли и способна лишь отвести ей роль, всегда противоположную собственно «праву». Короче говоря, теория не может высказываться по поводу того, что считается создашым в обществе или в юридической сфере. Это предполагает необоснованное утверждение о том, что теория волшебным образом позволяет нам онтологический монолог с обществом (и правом) и слушать (или наблюдать), как она шепчет нам на ухо имена (и слова), индуцирующие ее реальность. Неукоснительное возвращение к Канту в теоретическом и научном мире служит в целом, *stricto sensu*, вакциной против теоретического воображения и языка «уже-права».

Во-вторых, можно, увы, прийти к прямо противоположному результату. По сути, зачем выбирать трезвость, когда опьянение настолько привлекательно? Проблема непосредственно связана с процитированной фразой Канта, т.к. если юристы ищут (что со всей очевидностью ошибочно!) «определение для своего понятия права», почему бы не дать им его? Это было бы очень просто! Представим себе ощущение от занятия императорского трона в империи права! Представим искушение! И власть! Не поддался ли ему сам Кант при написании «Метафизики нравов. Учение о праве» (1795), где в «уже-праве» априорно презюмируется объективированная мораль? Если сам Кант поддался этому искушению, почему бы не поднять определение «уже-права» на уровень теории в качестве ответа на ее вопрос?

Действительно, легко определить «право»! Продолжение бесспорно верифицируется на уровне «уже-права» и подтверждается в качестве теории перед потоком определений «права»! Поскольку речь идет о том, чтобы выдумать «определение» или «понятие» с целью получить в теории «право» (или «уже-право»), каждый может почувствовать себя выполняющим эту миссию. Если мы знаем на сегодняшний день около 2200 определений права, это означает только то, что задача решается с теоретическим задором! Идолопоклонничество, захватившее «теорию», и слепота «уже-права»!

Каждый может на досуге составить перечень современных теорий «права» и сослаться на «определение понятия» в качестве «уже-права»! В нашей перспективе более важно настаивать на том факте, что таким образом теория становится обоснованием и легитимацией «права», которое относится к «определению» и «понятию». Это осуществляется в круге, который начинается с определения «права», чтобы идти к теории «права», или к теории права, которая выходит на определение «права», как это, впрочем, констатируется (и без какой-либо исчерпанности) в теории систем у Тойбнера, Лумана и т.д., в скандинавском реализме у Альфа Росса, Акселя Хэгерстрёма и т.д., или в теории «юридической связности» у А. Печеника и т.д.

Опасность, с которой теория «уже-права» встречается лицом к лицу (и которую она, в принципе, разделяет с объективистской методологией), состоит в том, что она никогда не скажет ничего, кроме того, что разрешено этой теорией. Разбирая свою теорию, вводя ее в «действие» и используя ее как оптику (вспоминая Галилея), теория установила контроль и никогда не сможет сделать ничего иного кроме, как предложить образ «уже-права», представленный в теории, в самой архитектуре ее конституции в качестве «правовой теории». По сути, все урегулировано заранее, и исследователь не должен никогда выходить из своего кабинета, чтобы заниматься научным исследованием (или чувствовать потребность осведомляться!), т.к. все уже урегулировано, подготовлено и упаковано! «Уже-право» неизменно обнаруживается в искусственном процессе дискурсивной переписи, который до бесконечности (т.е. теоретической бесконечности), подтверждается как круг, подобный понятию «уже-права», замыкающийся на себе, или в качестве теории, которая никогда не скажет ничего иного, кроме того, что ей позволено «определением понятия». Вместе того, чтобы стараться «увидеть», теория становится слепой!

Если мы правы, даже отчасти, то любая теория должна отказаться от высказываний о праве, отказаться от любого «уже-права». Необходимо восстановить здоровое отношение между «теорией и практикой», в котором только «практика» (или действие) может высказываться по вопросу о праве в современном обществе. Теория в правовой сфере должна, следовательно, ограничиться двумя направлениями.

В первую очередь, утвердить правовую теорию в эвристической или педагогической роли; теория права заключается в преподавании, касающемся юридической сферы, и ни в чем другом.

Затем на эпистемологическом уровне, где теория права будет критиковаться по отношению к юридической сфере, или критиковаться по отношению к своим традициям, теориям, учебным курсам, доктринам, терминологии и т.д.

Таким образом, теория права признается неспособной высказываться о «праве», неважно, на уровне Бытия (сущее) или Долженствования (долженствование-бытие). Теория или философия права может только сопровождать юридическую практику в том виде, как она действительно реализуется адвокатами и судьями в обществе, которая создает из права горизонт его современности.

Проиллюстрируем этот аргумент, снова обратившись к «Алисе в Зазеркалье» Льюиса Кэрролла, чтобы пояснить нашу точку зрения:

«Позже, когда Алиса размышляла об этом дне, она никак не могла понять, как это случилось: она только помнила, что они бежали, крепко взявшись за руки, и Королева так неслась вперед, что девочка едва за ней поспевала. Королева не переставала кричать:

«Быстрее!», и Алиса чувствовала, что быстрее бежать она не может, но она задыхалась и не могла этого сказать.

Самое удивительное было то, что деревья и все предметы, которые их окружали, не меняли своего положения: как ни стремительно они неслись, они никогда не оставляли их позади. «Мне интересно, перемещаются ли вещи одновременно с нами?», — думала бедная Алиса, совсем заинтригованная. Королева, казалось, прочла ее мысли, потому что она кричала: «Быстрее! Не разговаривай!» Но Алиса и не думала разговаривать. Он так задыхалась, что ей казалось, будто она никогда в жизни не сможет произнести ни слова, а Королева все кричала: «Быстрее! Быстрее!», и изо всех сил тянула ее за собой. [...]

- Клянусь, в моей стране, — ответила Алиса, все еще запыхавшаяся, — если долго бежать, как мы только что, то непременно попадешь в другое место.

- Какая медлительная страна! Здесь, знаешь ли, приходится бежать со всех ног только, чтобы

оставаться на том же месте! Если хочешь попасть в другое место, то надо бежать, по меньшей мере, вдвое быстрее, чем сейчас!»

Вот, что справедливо в отношении «уже-права». Оно обрекает нас на то, чтобы бежать и никогда не продвигаться вперед, к тому, чтобы все время стоять на одном месте. Теория делает нас слепыми, и мы вынуждены постоянно повторять одну и ту же теоретическую литанию в пользу этой самой теории. Отсюда возникает наивный вопрос, а именно: почему столько исследователей (*sic*!) утверждают, что люди занимаются научными поисками (*sic*!) «определения права»? Только потому, что это легко! Потому что это престижно (и позволяет сделать университетскую карьеру)! Потому что вступление в теоретический клуб (предполагаемый интеллектуальным) «уже-права» обеспечивает безопасность и известность! Итак, это не утешительные ответы!

Заключение: выбрать между «уже-правом» и «созданием права»

Мы осознаем то, что каждый из наших аргументов можно было бы развить и эпистемологически углубить. Недостаток (как и преимущество) представления аргументов заключается в том, что необходимо быть кратким, ограниченным дискурсом, свойственным манифесту или искусству памфлета. Выведем из этого факта, что если каждый из наших аргументов (и их практические и теоретические ответвления) имеют эпистемологическую (и философскую) историю, долгую и сложную, то было бы, тем не менее, безрассудно ожидать от этой маленькой статьи больше того, что она может дать. Необходимо с ясностью и скромностью утверждать, что будущее предоставит нам другие поводы, чтобы пойти дальше, эпистемологически говоря.

Отметим, наконец, что любая ссылка или онтологическая, методологическая конструкция, или теория какого-нибудь «уже-права» — права, гипостазированного «заранее» в качестве уже наличествующего, — должна быть запрещена. Это только создает путаницу и бесплодную идеологизацию перед лицом вопроса о праве в современном обществе. Предположим рационально, что мы предварительно не располагаем каким-то «уже-правом», доступным для размышления и действия. Мы не располагаем «уже-правом», чтобы предварительно «придавать форму» нашему пониманию права (т.е. форматировать его). Мы не обладаем никоим образом даром предвидения (или магическим шаром), чтобы наблюдать, видеть, изучать, схватывать и т.д. право в реальности, в обществе или в другом месте. Такие предположения попросту не имеют смысла и, прежде всего, никакой ценности, разве что они отражают интеллектуальные и юридические заблуждения, главным образом, идеологические позиции, которые не несут настоящей ответственности перед правом и нашими согражданами!

Только когда (и если) мы сумеем освободиться от любой мысли об «уже-праве», мы сможем адекватно рассмотреть вопрос о «создании права» на практике и в теории. «Создание права» понимается практически и теоретически как юридический горизонт нашего современного общества и как проблематика, которая должна располагаться на уровне «участников» и по отношению к тому праву, которое мы желаем сделать нашим. Таким образом, «создание права» интеллектуально и практически ставит нас на путь, противоположный «уже-праву», и заставляет преодолеть препятствие, оказывающее влияние на современную правовую мысль.

III. Замечание о понятии «обязывающей силы» и праве

Мы не должны углубляться в юридическую сферу для того, чтобы констатировать, что на понятие «обязывающей силы» постоянно ссылаются, открыто и непосредственно, но чаще неявно и иногда в подразумеваемой догматической ссылке. Однако понятие «обязывающей силы» не вызывает непрерывных вопросов и еще меньше размышлений, поскольку оно рассматривается как приобретенное, как являющееся «неотъемлемой частью» современного юридического предприятия. Эта позиция основана, увы, на непонимании, даже на некоторой юридической безграмотности, которая привязывается к этому понятию и его «целям» в юридическом мире — с риском интеллектуального обеднения современного права.

Цель нашего эссе заключается в исследовании этого понятия, в размышлении над тем смыслом, который мы соглашаемся ему придать, и над той ролью, которую мы признаем за ним в праве. Нет никакого онтологического, «позитивистского», «юридического» или гносеологического секрета, который следовало бы раскрыть. Напротив, речь идет о том, чтобы поразмышлять над причинами, побуждающими нас на практике прибегать к этому понятию, и затем показать мотивы, по которым «обязывающая сила» в качестве доктринального понятия проливает свет на смысл права, поддерживаемом таким лингвистическим применением.

Принятый подход, заключается в том, чтобы: 1) подумать над эпистемологической проблемой, которая связана с понятием «обязывающая сила»; затем 2) рассмотреть перекрестный характер этого понятия, который обнаруживается, — как на практике, так и в теории, — во множестве областей юридических исследований, и, наконец, 3) изучить, как это понятие всегда мобилизует «акторов» (и интерсубъективность), позитивно или негативно символизирующих «обязывающую силу», которую надо оценить внутри правовой возможности.

1. Предварительные и эпистемологические замечания о понятии «обязывающей силы»

Наши предварительные и эпистемологические замечания необходимы нам для того, чтобы предложить два направления размышлений. Вначале отказаться от любого психологического объяснения понятия «обязывающая сила» (и понятия «юридического» в целом), а затем объяснить это понятие только как лингвистический координатор, нацеленный на практическую оценку внутри правовой возможности.

Применительно к феномену «психологизации» понятий, называемых юридическими, речь идет о периодически повторяющейся и широко распространенной проблеме в современной правовой мысли. Этот феномен можно кратко представить, *grosso modo*, как имеющий склонность:

1) располагать понятие (в области создания «юридической» доктрины) и его понимание внутри «психологической рамки» (т.е. обязанность, воля, полезное действие, эффективность, сила, солидарность, поведение и т.д.),

2) чтобы затем использовать психологические элементы, разрешенные рамкой, для «обнаружения» (т.е. психологического конструирования) в ней «психологического смысла», и

3) полагать с уверенностью, — скорее, метафизической, — что результат этой операции будет «юридическим» или «правовым».

Благодаря такому приему любое понятие автоматически получает то, что предварительно было принято «психологической рамкой» (или вложено в нее) в качестве подтверждения того, что эта рамка является понятием или его конституирует. Понятие приобретает свое «юридическое» наименование (или свою «реальность»), потому что такой эпитет относится, — для того, кто в это верит, — к данному понятию.

Речь идет о почти магическом приеме! Все может быть немедленно объяснено тем, кто мобилизует психологическую рамку для понятий, или просто обратится непосредственно к психологическим категориям, чтобы объяснить понятие, используемое в правовой доктрине. Создание психологического образа понятия, под которым понимается обращение к «менталитету» или интеграция в чистую психологическую деятельность (например, воля, обязанность, солидарность, поведение, намерение и т.д.), в действительности является запуском двойного процесса персонального (и доктринального) самоубеждения. С одной стороны, правовед внимательно изучает свой психологический мир, чтобы обнаружить психологические понятия, которые его устраивают и отвечают ему. С другой стороны, исследователь принимает участие в психологической идеологии применительно к праву, в которой он находит все психологические понятия в области, охватываемой его «доктринальным референтным кругом» (или просто научной «школой» или «сообществом», специфическим для исследователей, занимающихся доктринальным описанием в «праве») и доказательство (психологическое) правильности концепции, всегда оппортунистически называемой «правовой».

Помимо мира психологического признания, в котором современный человек обнаруживает себя «догматически» по отношению к «праву», которое корреспондирует психологическим понятиям, инвестируемым им в эту психологическую реальность, утверждается тот факт, что психологические идиомы непосредственно становятся основанием доктринального описания «права» (или «в» праве). Здесь действует особенный феномен, поскольку «правовой» актор (при условии, что такое выражение на самом деле имеет смысл!) предполагается создающим «право». Исследователь в «праве» располагает, согласно такой концепции, всей полнотой смысла и значением того, что могло произойти в психологическом модусе и сообразно психологическим категориям, которые он мобилизует, чтобы понять вышеупомянутое «право». Полезно уточнить, что речь не идет исключительно о банальном юридическом антропоморфизме (так широко распространенном в юридической доктрине или догматике), но об идеографической концепции, которая заставляет объединить «то, что должно было произойти» внутри психологических категорий, и чем исследователь манипулирует как правом или «правовым». Психологический мир понятий, называемых юридическими, в этом смысле представляет собой «уже-право», которое подтверждается в ментальном мире исследователя и которое только он один может понять! Вот почему он создает доктрину, называемую «правовой», как психологическую эманацию. Так же создается «право»!

Поскольку психологическое понимание права представляется нам иррациональным и неадекватным, следует сформулировать наш эпистемологический отвод в трех принципах:

1. Понятия не сообщают или не несут ничего «юридического» или «правового».

2. Любое наделение понятий, называемых юридическими, каким-либо психологическим качеством иррационально.

3. Любое понимание прав с точки зрения обладания или бытия — через используемые понятия — иррационально.

Теперь нам необходимо обратиться к рассмотрению понятия (в данном случае понятия «обязывающей силы») как лингвистического координатора, нацеленного на практическую оценку правовой возможности.

Такое рассмотрение сообщает нам, что даже «объявление» утверждается только как «разглагольствование о том, что было сказано», а никак не в качестве «права» какой-либо «реальности», и еще меньше «реальности» какого-либо понятия, называемого «правовым». Предположение и утверждение о том, что слово, квалификация, понятие или любое другое используемое лингвистическое выражение присоединяется к реальности, обусловлены мистицизмом или умопомешательством. Наша способность рассказывать о реальном мире с целью создания для нас самих социальной непринужденности (упрощенной трансцендентности) не должна вводить нас в заблуждение и позволять нам воображать, вопреки разуму, будто этот нарративный уровень обладает какой-то способностью взаимодействия, называемого «правовым», с реальностью. Ничего подобного! Наши рассказы о реальном мире отправляются от субъективностей и интерпретаций, которые утверждаются как таковые (или перескакивают к коллективу как лингвистический опыт, разделяемый всеми) и которые обнаруживают свои нарративы главным образом в потоке конфигурации (и реконфигураций) традиций. В этом смысле, «сказанное» не является ни объективной реальностью того, что произошло, ни интерсубъективной реальностью пережитого, но исключительно интерсубъективной реальностью того, что в действительности было «сказано». Прежде всего, это преподносит любое понятие как разглагольствование о том, что было сказано, и затем — как возможный лингвистический координатор на интерсубъективном уровне.

Итак, чтобы обозначить наше расхождение с психологическим пониманием понятий как «юридических» (или правовых), мы утверждаем, что понятие является только языковым актом, а именно элементом коммуникации, самой по себе «пустой» вне своей способности координировать мнения и межличностные «действия». Следовательно, понятия, называемые юридическими, оказываются лингвистически конвенциональными внутри естественного языка и могут, таким образом, быть понятыми в праве (или в других сферах межличностной деятельности) только как символические координаторы или апелляции к суждению!

Вместо того чтобы дальше развивать эти положения — напоминая при необходимости про установленные нами ограничения — сформулируем три эпистемологических предположения, на которые будут ориентироваться наши рассуждения, а именно:

1. Понятия, называемые юридическими, ссылаются только на естественный язык и свидетельствуют в юридической доктрине либо о

традиции, либо о рационализации на уровне речевого общения;

2. Никакой психологический (или социологический, идеологический, политический, теологический и т.д.) элемент не должен атрибуироваться понятиям, мобилизованным для создания доктрины, называемой юридической;

3. Письменная фиксация понятий служит в юридической области исключительно приглашением к суждению относительно возможности права на практике.

Не развивая дальше эти эпистемологические соображения, необходимо теперь внимательно применить их при анализе понятия «обязывающей силы».

2. Понятие «обязывающей силы» в качестве дискурсивного координатора

Обратимся теперь к понятию «обязывающей силы» в качестве дискурсивного координатора, настаивая на том, что это — специфически *атопический* аспект той дискурсивной роли, которая раскрывает нам причину появления данного понятия в сфере правовой доктрины. Действительно, если наши эпистемологические рассуждения верны, то понятие как дискурсивный координатор отличается, прежде всего, тем, что является символической инстанцией, служащей для оценки ситуации, называемой юридической, и выступающей как апелляция к правовому суждению, выносимому по поводу этой ситуации. Поясним это утверждение на примере гражданского и договорного права, публичного права и международного права.

В первую очередь, необходимо оценить понятие «обязывающая сила» в гражданском / договорном праве, опираясь на буквальное определение: «Принцип, согласно которому договор занимает место закона для его участников и может быть отменен только с общего согласия или по причинам, указанным в законе».

Не углубляясь в догматику гражданского и договорного права, подчеркнем, что таким образом понятие «обязывающая сила» вводит в действие логику символической оценки. Эта логика делает акцент, прежде всего, на позитивном аспекте этого принципа, а именно на том, что договорные связи конституируются двусторонним образом — одностороннее обязательство не является договором — и что их участники, вступающие таким образом в эти отношения, делают это, по общему правилу, в здравом уме и по взаимному согласию. Обязательство, называемое договорным, создается, в принципе, как двустороннее, и никогда как одностороннее; значительные разделы доктрины договорного права сводятся к тому, чтобы прояснить эту логику, на первый взгляд, такую простую, которая на практике оказывается более сложной и даже интригующей. Напомним только о постоянном возвращении в правовой доктрине к проблеме определения того, в какие моменты или при каких условиях «обещание» становится обязательством и может ли обязательство (или обещание) действительно стать предметом акцепта! Также подумаем о вечных и крайне интересных дебатах по вопросу о том, на самом ли деле намерение, воля, взаимность или согласие (явное или подразумеваемое) — понимаемое лишь как символический элемент —символизирует и формирует договор, и наделяет его «обязывающей силой», прибегая к «долговым» или «обязательственным» формам. Несмотря на теоретический результат, который, скорее, зависит от догматических сходств, практический смысл «обязывающей силы» обозначается, в конечном счете, как место для оценки, отсылающей к двустороннему характеру и взаимности договорной ситуации.

Вместе с тем, мы утверждаем, что так же как понятие «обязывающая сила» одинаково подходит в качестве практического (и доктринального / символического) ключа для понимания того, каким образом освобождаются от договорных обязательств, нормальный вариант договорного правоотношения состоит в том, чтобы просто выполнить свое обязательство! Это означает, что честность (и мораль), конечно, присоединяется к понятию обязывающей силы с внешней стороны — в предположении о том, что участники договора в качестве членов гражданского общества в равной мере наделены совестью. Этим объясняется, почему право всегда было настроено враждебно по отношению к внедоговорным основаниям освобождения от договорных обязательств, или, более узко, по отношению к тому, что формируется вокруг индивида и его психологических состояний. Если способность внедоговорного освобождения была изначально жестко ограничена — упомянем здесь древнее римское право, которое систематически запрещало его — «обращение к психологии», которое известно нашему современному договорному «праву» (если не всей традиции гражданского права), конституируется на противоположном полюсе. Это «обращение к психологии» конкретизируется через релятивизацию договорных связей, которая отражается на «обязывающей силе» договора (даже на гражданско-правовом обязательстве). Отсюда констатация того, что такое «обращение к психологии», благоприятно сочетаясь с созданием доктрины, называемой правовой, формирует сегодня практически-догматический блок, который тяготеет к морали сострадания, если не к «жертвенной» идеологии, которая плохо согласуется (или совсем не согласуется) с обязывающей силой, заключенной исключительно в договоре. Что касается этой идеологии, скорее, предполагаемый образ «общественного интереса», еще более невероятный логически, заменяет ее. Как бы то ни было, понятие «обязывающей силы» всегда подтверждает принцип, согласно которому сторона может быть уверена в том, что договор действует, и все участники должны вести себя в соответствии с ним.

Рассмотрим «публичное право», для которого, как мы констатируем, понятие «обязывающая сила» так же важно, учитывая то своеобразие, по сути, парадигматическое, которым отличается его соединение с принципом «действительности», или с метафорой «действующего права». Это нетрудно заметить, наблюдая единогласие, как практическое, так и доктринальное, по поводу того, что если закон, регламент, административное решение и т.д., признается действующим, на нас автоматически распространяется его «обязывающая сила». Иными словами, то, что связано с «законом для всех», имеет характер «обязывающей силы», независимо от той формы, в которой оно представлено, будь то конституция, закон, регламент, директива и т.д.

В теоретическом плане, такой принцип открывает дверь дискуссии по вопросу о том, как действительность может быть действительной (или легитимной). С этой точки зрения, решение Кельзена вызвало одобрение у юристов-догматиков, хотя иначе сформулированное в контексте общего права, потому что оно обеспечивает операциональную связность, одновременно фактическую и нарративную, в сфере, называемой «публичной». Образ пирамиды «законов для всех» и обязывающая сила, которая предполагается выражаемой здесь, обеспечивают оптимальную операциональность в пользу администрации и государственного управления. Сторонника такого «операционального позитивизма» восхищает то, что он соединяет «легкость, действительность и эффективность», становясь выше спора и действуя незамедлительно.

По ту сторону любого теоретического рассуждения, наблюдается та же самая метафора «обязательности», что и в сфере гражданского права. Речь идет о том, чтобы подтвердить (или оспорить) «обязывающую силу» закона, регламента, административного решения в качестве «закона для всех», таким же образом, как договор представляет собой «закон для его участников». Вся публичная система работает вокруг символической веры в то, что законы, регламенты и т.д. обладают внутренне присущей им «обязывающей силой». Такое элементарное правило позволяет осуществлять административную работу и управлять! Что касается индивидов, то мы констатируем их желание пользоваться этой «обязывающей силой», рассчитывая на действительность закона, регламента и т.д., и в случае необходимости, на стратегию укрывательства от него, уклонения или даже требования его неприменимости по отношению к их делам. Важно отметить, что та или иная позиция всегда предполагает символическое признание обязывающей силы «закона для всех».

Наконец, рассмотрим применение понятия (и символики) «обязывающей силы» в международном праве, где ситуация более интересна, прежде всего, потому что «общий закон» отсутствует — заметим в скобках, это привлекает внимание писателей-фантастов. Кроме того, потому что символизация через обращение к «обязывающей силе» происходит на уровне международных юрисдикционных инстанций (как правило, малоэффективных, за некоторыми исключениями) и, главным образом, по отношению к санкциям, применяемым в одностороннем порядке стороной (сторонами), которая(-ые) считает(-ют), что ей (им) причинен ущерб. Допускаем, что единственной инстанцией «обязывающей силы» является *ius cogens* (в международном праве), понимаемое в узком смысле слова и не допускающее никакой возможности идеологического (или «юридического», *sic*!) расширительного толкования.

Строго говоря, только принципы *ius cogens* обеспечивают действие международного права и подтверждают его на уровне символики понятия «обязывающая сила». Как таковое, *ius cogens* представляет собой в общих чертах формальный и необходимый минимум для операционализации символического существования области, называемой международным «правом». Это то, что вменяет нам в обязанность: 1) уважать его требования (т.е. принцип «*pacta sunt servanda*», который так красноречиво описал Гуго Гроций); 2) признавать друг друга в качестве акторов (т.е. независимых и суверенных государств), представленных своими уполномоченными (т.е. дипломатическое и консульское «право»); 3) принять бесспорные «международные факты» (т.е. принцип «общеизвестности фактов»); 4) признать «нормы разрешения конфликтов» (т.е. принцип «юрисдикции», «арбитража» и посредничества); и 5) уважать «судебное решение», в подготовке которого государство формально согласилось принять участие. В целом, эти пять принципов не имеют строгого «субстанционального содержания», если не оказываются формальностью, отталкиваясь от которой можно начинать дипломатическую работу, или сотрудничество, или межгосударственные связи.

Признаем, что такая не-субстанциональная концепция «обязывающей силы», в которой наблюдается отсутствие объективных критериев или «естественного права» (что сводится к тому же), представляет многих теоретиков международного права, образно говоря, «больными». Они добиваются признания объективных критериев, стоящих над волей сторон, и они решительно утверждают, что такие критерии существуют. Многие теоретики международного «права» пытаются, таким образом, открыто добавить шестую «обязанность», имеющую в виду признание «неоспоримых международных норм» или происходящих из «широкого консенсуса». Другие теоретики международного «права» стараются добиться того же результата, ставя на место действия государств «действия» ООН в качестве наднационального актора «международного права», находящегося над государствами и независимого от них. Последняя стратегия, в принципе, является более чем спорной на том основании, что такая позиция меняет природу ООН, превращая ее из дипломатической инстанции в супергосударство.

Помимо этого желания изменить концепцию *ius cogens*, подчеркнем, что этот принцип в действительности не предполагает ничего существенного применительно к акторам (т.е. государствам), если не считать необходимость взаимного уважения дипломатических обязательств, которая ассоциируется у нас с понятием «обязывающей силы», и также, косвенно, признания той роли, которую дипломатия (и дипломатические представители) играет здесь, чтобы исполнить такое символическое «обязательство». Напрашивается вывод о том, что эта модель ближе к «частноправовой» модели, чем к «публично-правовой»! В действительности, отсутствие «закона для всех» означает, что международное «право» остается совокупностью «частных соглашений». И это объясняет нам, почему все реформаторы (и «революционеры») международного «права» полагают сегодня, что оно, скорее, утратило свою мощь или что этой мощи недостаточно), и надеются на «конституционализацию» нового международного «права»: международное «право», которое больше не зависит от акторов, но в котором их свободы урезаны и ограничены *a priori*, а именно Конституцией (т.е. Уставом ООН и / или Всеобщей декларацией прав человека в новой роли Конституции).

Но если эти принципы *ius cogens* отрицаются, прямо или косвенно, то речь идет об отрицании и отказе от международного «права». Инструменты международного «права», будь то договоры, конвенции и т.д., не имеют, строго говоря, иного статуса, кроме этого «авторитета», даже если на практике (и через лингвистическое соглашение) мы говорим так, как если бы обладали сами по себе «обязывающей силой» там, где они, по сути, лишь выражают обязывающую силу *ius cogens*. Очевидно, проблема заключается в том, что договоры или конвенции должны быть возвращены в правовую систему, точнее, в систему национального права, чтобы стать эффективными и таким образом получить «обязывающую силу» через нормативные средства имплементации. Кроме того, особенность международного права заключается в том, что государства соглашаются на него, но не изменяют своего внутреннего права, лишая таким образом договоры или конвенции любого юридического эффекта; или подписывают их, чтобы привлечь к себе симпатии, или чтобы создать идеологический экран против любой критики; или, наконец, подписывают их, сопровождая свою ратификацию условиями, которые выхолащивают из договоров или конвенций и т.д. все их содержание; или просто, чтобы кормить «контрольно-кассовый аппарат».

Эти три направления анализа вместе показывают, что «обязывающая сила» не имеет другого смысла, кроме того, чтобы служить дискурсивным координатором, обязывая нас конкретно оценивать и выносить суждение о характере, смысле и объеме обязательств акторов в гражданском обществе, «политическом» и «дипломатическом».

3. Подумать о понятии «обязывающая сила» без обязательств

Логическое продолжение состоит теперь в том, чтобы подчеркнуть, что если понятие «обязывающая сила» символизирует закон участников договора (частное право), закон для всех (публичное право) и закон для «нас» (международное право), его надо понимать как существующее без «обязательства» (и без «силы»). Следует пояснить это утверждение, которое сначала приводит нас к «негативной» оценке вопроса об обязательстве (т.е. неуважение), а затем к вопросу о «позитивной» оценке того, что касается понятия «обязывающая сила» (т.е. топика акторов).

Во-первых, относительно «негативной» оценки повторим, что нет ни «силы», ни «обязательства», связанного с понятием «обязывающая сила». Оценка может быть произведена только через констатацию, дистанцированную от несоблюдения обязательства, предусмотренного в законе участников договора, или в законе для всех, или в законе для нас. Иными словами, «обязывающая сила» может быть констатирована на практике через указание на несоблюдение и даже расторжение договора, на преступление или нарушение. Напомним также, что контракт, закон или международный договор представляют собой всего лишь кучу листов бумаги (или изображение на экране компьютера), в которых мы обнаруживаем графические и символические знаки, и ничего больше. Социализированные и персонифицированные в культурном контексте, мы в принципе способны идентифицировать эти знаки как релевантные языку, расшифровать их, интерпретировать и, может быть, также утверждать, что мы по-своему кое-что «поняли». В тех случаях, когда эти знаки еще не закреплены текстуально, как, например устное соглашение, сам смысл правовой системы вынуждает нас создать «текст», который должен подтвердить существование такого «речевого акта». Таким образом, мы всегда оказываемся перед «текстом», т.е. речевым выражением, позволяющим нам констатировать или отрицать «обязывающую силу».

В этом смысле наблюдается парадокс в правовой мысли, где заметно, что мы часто говорим так, будто контракт, «закон» или международный договор существуют, даже если, по всей видимости, есть только текст, который «существует» (семантически), и что именно эта реальность позволяет нам затем квалифицировать (или различать) тексты между собой как соответственно контракт, закон или международный договор. Тексты не имеют *сами по себе* юридической сущности, и использование слова «юридический» применительно к ним должно быть отвергнуто. Но, главным образом, повторимся, не существует никакой «обязывающей силы», ни обязательства самого по себе или заявляющего о себе в текстах. Почему? Просто потому, что психологическое состояние, которое заключается в том, чтобы «чувствовать себя обязанным», вообще не принадлежит к юридической сфере, поскольку каждый человек должен полностью автономно обнаружить в себе, насколько это возможно, причины, которые побуждают его «чувствовать себя обязанным». Так же как и любое «обязательство» присуще индивиду и его психологическим (и моральным) способностям. Это могло бы быть сложно, если каждый человек (и актор в «праве») мог бы чувствовать себя разрываемым между различными стратегиями поведения. Это вытекает из условия человеческого существования, из факта жизни в обществе, которое признает автономию индивидов и высоко ценит свободу. Там, где есть обязательство на психологическом или моральном уровне, право исключается в качестве своей противоположности. Право и обязанность просто конституируются как два антиномических основания, и необходимо выбрать одно или другое, и любая ассоциация одного с другим происходит от смятения ума, если не представляет соскальзывание к анти-юридическому.

Отсутствие обязательства в сфере права объясняется необходимостью установить различие между юридической областью и моральной областью (или этической): право никогда не обязывает, в то время как посредники (контракт, закон или договор) действительно «обязывают». Короче говоря, от морального вопрошания зависит, обладает ли индивид (будь он простым актором в частноправовой сфере или президентом страны, поддержанным дипломатическими советниками) нравственным качеством чувствовать себя обязанным. То, что ободряет нас относительно нашего морального суждения и факта «ощущения себя обязанным», почти не имеет значения для права и является, следовательно, его противоположностью, которая должна нас заинтересовать: является разрывом, несоблюдением, преступлением и нарушением (на уровне обязательства), как ощутимое (топически) или даже как противоположность, констатируемая «обязывающей силой».

Во-вторых (и положительно), понятие «обязывающей силы» уточняет практическое направление: «договор», «действительность» и *ius cogens* символизируют ситуацию, в которой обнаруживаются их участники или их обязательства «дать отчет» об их обязательствах, «словах» или «ратификациях». Строго говоря, речь идет о ситуации позиционирования, где каждая сторона в случае необходимости призывается к порядку («правовому»), если она не выполняет своих обязательств. Даже в ситуации, когда стороны свободны в том, что касается выбора и стратегий (оправдания, «не-осуществления» или «осуществления»), в конце все равно придется «дать отчет».

Итак, мы констатируем, что есть «акторы», с одной стороны, и обязательства, с другой стороны, и что все это делается всегда через логику «вступления в отношения» и в ее рамках. Причина заключается в том, что повторное осуждение нарушения или неисполнения обязательства никогда не применяется ни против актора, ни против обязательства (что было бы, разумеется, нелогичным), но по отношению к символике, которую представляют контракт, «закон» или международный договор. Короче, «обязывающая сила» оценивается в контексте сообразно с этими символиками и никогда не имеет смысла сама по себе. Иными словами, символический смысл, приписываемый этому понятию, относится к оценке спорной ситуации и где надо оценить *post-factum*, можно / нужно ли назвать обязательство «нарушенным», «несоблюдаемым» или «отклоненным». Как таковое, это понятие лишено «правового» содержания, но оно наполнено символическим смыслом для того, что должно / может делаться в праве.

В этом смысле понятие обязывающей силы целиком выражается в классической поговорке «*patere legem quam ipse facisti*» (т.е. терпеть / соблюдать / выдерживать такой закон, какой ты создаешь / ты создал сам). Короче говоря, если в качестве участника частноправовых, публично-правовых или международных отношений, мы берем на себя обязательства, то мы неизбежно окажемся в числе негативно «обязанных», когда констатируются наша нейтральность или нарушение. Наше обязательство одно по отношению к другому усиливается, таким образом, под действием символики «обязывающей силы». В случае нарушения данного обязательства на сцену неизбежно может выйти действенная негативная сторона этой «обязывающей силы» через судебное решение, вынесенное против индивида (или государства), не исполнявшего своих обязательств, и равным образом через юридические или законные действия, чтобы защититься и исправить последствия такого освобождения от обязательства. Короче, понятие «обязывающей силы» символизирует юридическую ответственность и ее следствие: правовосстановление.

4. Заключение

В конечном счете, мы настаиваем на бесплодности любого учения о понятиях и против магии концептуального мира, который служит только самому себе. Такими, какими мы их постигаем, лингвистические понятия объясняются «тем, что должно / может делаться в праве», а именно через нашу ответственность в качестве юриста (и теоретика права) и уважение правовой практики (т.е. конкретные люди, которые живут в современном обществе и соглашаются сделать из права способ решения их конфликтов и споров).

Отсюда следует, как мы это разобрали, что доза лингвистического (и юрисдикционного) реализма должна обязательно сопровождать наше понимание дискурсов, слов, понятий, как чужих, так и своих, и относительно «того, что должно / может делаться в праве». Просто у нас есть причины возвращать понимание понятий к реальности индивидов в практике жизни в обществе и оценивать их как можно более конкретно, насколько возможно, применительно к реальным ситуациям и контекстам. Значительная часть проблем, с которыми мы сталкиваемся в юридической науке (или при создании правовой доктрины) происходит от отсутствия внимания к практике, к конкретной юридической проблеме и к пониманию спорной проблемы, к реальному и конкретному модусу функционирования языка. Именно реальность юридических проблем (а также социальных и политических) должна интересовать нас при анализе понятий, называемых правовыми. Без такой озабоченности конкретным, юридической проблемой или практикой, анализ понятий не представляет никакого интереса и не имеет ценности.

СОДЕРЖАНИЕ

Made in the USA
Monee, IL
07 May 2026

49713262R00075